刑罚权的
运行机制研究

缪爱丽 著

中国社会科学出版社

图书在版编目(CIP)数据

刑罚权的运行机制研究 / 缪爱丽著 . —北京：中国社会科学出版社，2019.9

ISBN 978-7-5203-4823-2

Ⅰ.①刑… Ⅱ.①缪… Ⅲ.①刑罚-研究-中国 Ⅳ.①D924.134

中国版本图书馆 CIP 数据核字(2019)第 171418 号

出 版 人	赵剑英
责任编辑	许 琳
责任校对	鲁 明
责任印制	郝美娜

出　　版	中国社会科学出版社
社　　址	北京鼓楼西大街甲 158 号
邮　　编	100720
网　　址	http://www.csspw.cn
发 行 部	010-84083685
门 市 部	010-84029450
经　　销	新华书店及其他书店

印刷装订	北京市十月印刷有限公司
版　　次	2019 年 9 月第 1 版
印　　次	2019 年 9 月第 1 次印刷

开　　本	710×1000　1/16
印　　张	8.5
插　　页	2
字　　数	190 千字
定　　价	48.00 元

凡购买中国社会科学出版社图书，如有质量问题请与本社营销中心联系调换
电话：010-84083683
版权所有　侵权必究

目　录

绪论 ·· (1)
 一　问题的提出 ·· (1)
 二　研究思路和研究方法 ······································ (4)
第一章　刑罚权的概述 ·· (5)
 第一节　刑罚权根据 ·· (5)
  一　神授"天"说 ·· (5)
  二　契约说 ·· (6)
  三　命令说或者国家统治权说 ································ (7)
  四　正义说 ·· (7)
  五　社会防卫说 ·· (8)
  六　小结 ··· (8)
 第二节　西方刑罚权流变 ······································ (10)
  一　中世纪前期的刑罚权 ····································· (10)
  二　19世纪之前的刑罚权 ···································· (10)
  三　20世纪以来的刑罚权 ···································· (12)
 第三节　我国性质迥异的刑罚权 ···························· (14)
  一　威权社会的刑罚权 ······································· (14)
  二　理性惩罚权的兴起 ······································· (16)
  三　法治社会的刑罚权 ······································· (18)
第二章　刑罚权的内容 ··· (24)
 第一节　刑罚的规定权 ·· (25)
  一　立法机关在规定刑罚中存在的问题 ·················· (25)
  二　立法机关规定刑罚的标准 ······························ (34)

第二节　刑罚的裁量权 ……………………………………（38）
　一　刑罚裁量权的依据 …………………………………（38）
　二　影响刑罚裁量权的因素 ……………………………（42）
第三节　刑罚的执行权 ……………………………………（53）
　一　刑罚执行中存在的问题 ……………………………（53）
　二　行使刑罚执行权的机关 ……………………………（60）

第三章　刑罚权的发动 ………………………………………（62）
第一节　刑罚权发动的理由 ………………………………（62）
　一　刑罚权的正当性理论 ………………………………（62）
　二　可替代的刑罚理论：损害 …………………………（72）
第二节　刑罚权发动的原则 ………………………………（74）
　一　刑罚的动用是否具有迫切性 ………………………（77）
　二　发动刑罚是否有可能 ………………………………（84）
　三　刑罚的发动是否有效果 ……………………………（87）

第四章　刑罚权的限制 ………………………………………（90）
第一节　刑罚权限制的原因 ………………………………（90）
　一　刑罚过剩势必偏废刑罚的人权保障功能 …………（93）
　二　防止刑罚权被滥用 …………………………………（96）
　三　有限的司法资源要求限制刑罚权 …………………（103）
第二节　刑罚权限制的立场 ………………………………（105）
　一　刑罚权的发动应该以宪法为纲 ……………………（106）
　二　刑罚权的发动应该遵循罪刑法定原则 ……………（111）
　三　谦抑性原则对刑罚权发动的限制作用 ……………（112）
第三节　我国的刑罚权发动及其限制问题检视 …………（113）
　一　我国的刑罚权发动及其限制现状梳理 ……………（113）
　二　关于我国的刑罚权发动及其限制问题应对思考 …（115）

结语 ……………………………………………………………（117）
参考文献 ………………………………………………………（122）

绪　论

一　问题的提出

将本书的研究对象定为刑罚权,一方面源于对司法实践中出现的类似于内蒙古呼格吉勒图案、河北聂树斌等案件的思考,另一方面也是对我国刑罚权观念和制度中存在的诸多问题的反思。总体上来说,当前我国刑法中存在的重刑观念仍比较严重,刑罚的轻缓化观念尚未成为主流的刑罚观念。这种重刑的观念在刑事立法、刑事司法及社会公众当中均有体现。

在刑事立法中,主要表现为如下几方面:(1)为了防止立法过程中出现的遗漏,立法者经常采用"兜底性"条款的方式进行填充,这是一种典型的过度依赖刑罚的表现,也使刑罚发动的范围大大增加了。比如,刑法第 114 条规定的以危险方法危害公共安全罪当中的"以其他危险方法",对其他危险方法的没有限定使得司法实践当中将具有危害公共安全性质但又不构成其他罪名的犯罪均认定为以危害方法危害公共安全罪;第 225 条规定的非法经营罪当中的"其他严重扰乱市场秩序的非法经营行为",1998 年、1999 年和 2009 年分别通过单行刑法、刑法修正案、司法解释的形式将非法买卖外汇、非法经营证券、期货或者保险业务、非法从事资金支付结算业务等的多种行为纳入非法经营罪的调整范围。(2)分则中规定了大量的死刑条款,而总则中对死刑适用的原则缺乏具体的规定。死刑是最严厉的刑种,但是死刑应当严格限制适用的原则却没有被明确地规定,对死刑的适用程序及适用数量也缺乏非常严格的规定。而目前,在欧洲许多国家及一些发展中国家,死刑已被全面废除,即使是在仍然保留死刑的一些国家如日本、美国,也非常严格地控制死刑的适用程序和数量。(3)财产刑和资格刑没有被作为主刑规定在刑罚结构中，而自由刑仍居于刑罚结构的主导，体现了过浓的重刑色彩。

在刑事司法中，主要表现为：（1）非监禁刑的适用率低。根据我国刑法的规定，非监禁刑包括主刑中的管制、附加刑中的罚金、剥夺政治权利、没收财产等方法。从2014年公布的全国法院审结刑事案件统计数据来看，我国非监禁刑的适用率较低（见表1）。（2）由于同一种犯罪的法定刑规定得范围过大，导致法官在裁判案件时任意提高法定刑的量刑起点，从而出现同罪不同罚的现象。比如，对许霆案的判决，广州市中级人民法院一审以盗窃罪判处其无期徒刑，而重审判决的结果是以盗窃罪判处其5年有期徒刑。

表1　　　　　　　　2014年全国法院刑事案件统计表①

刑罚	人数	占生效判决人数的百分数	占刑罚判决的百分数
判处监禁刑	760225	93.11%	95.45%
判处非监禁刑	36177	4.43%	4.54%
免予刑事处罚	19253	2.35%	
宣告无罪	778	0.09%	

社会公众一般以道德观念来评价某种违法行为，以朴素的情感和一般的常识对某种行为作出道德上的评判，因此，社会民众对死刑比较热衷，这是重刑观念的一个重要的体现。犯罪行为出现后，一般的公众往往以道德判断替代法律分析，以"以牙还牙"的报应呼声替代法律程序的要求。

在重刑观念的影响下，刑罚权更容易被不合理地发动和滥用。刑罚权的不合理发动或者说滥用不仅存在于不严格遵守实体法规定的情形，而且更多地存在于违反程序法规定的领域。在刑事诉讼中存在众多的参与者，主要有：法官、检察官、律师、刑事诉讼的当事人，有时候还有法学学者参与其中，每个参与者都可能对刑事裁判施加影响。因为，违反刑事诉讼程序的规定所产生的最终结果可能会对被告人、犯罪嫌疑人

---

①《中国法律年鉴》编辑部：《中国法律年鉴》（2014年），中国法律年鉴社2015年版，第1014页。

的定罪和量刑产生较大的影响。

其中，被告人一方包括被告人本人、被告人的亲属及被告人的辩护人是影响定罪量刑的主要力量，特别是被告人的亲属为了使被告人被判处相对较轻的刑罚，不惜利用各种资源以达到影响量刑的目的。有的与被告人有利害关系的人向有关人员提供财物、提供可以获得利益的机会、有的动用各种社会关系、有的提供工作调动权、提拔权、录取权等以获取对被告人判处较轻的刑罚。在一般情况下，被告人及其与之相关的人员都试图影响承办案件的主要法官、法院领导、公诉人员、审判长、甚至有些试图影响被害人及其与被害人有利害关系的人，向他们提供各种获取利益的机会，以求得较轻的量刑。

当既有感性又有理性的社会个体在特定案件的处理过程中，面临各种错综复杂的利益选择时，而各种利益之间又存在矛盾冲突，非此即彼，也即在选择了一种利益之后就必须放弃其他的利益。承办案件的法官、法院领导、公诉人员、审判长、被害人及其与被害人有利害关系的人在面临各种非此即彼的利益选择时，会衡量各种利益价值的大小。一般来说，行为人在比较各种利益时，会倾向于选择较大的利益，在利益价值相差不大的情况下，会倾向于选择获取风险较小的利益。因此，控制刑罚权的不正当使用或者滥用，不仅需要对实体法进行相关的完善，更需要关注刑事程序的各个环节，使掌握刑罚权的行为人意识到违反程序法规定会产生的风险，从而减少违法行为的发生。

我国刑法理论研究重视对犯罪学的研究而相对来说对刑罚学的研究较少，而刑罚权作为基础性的刑罚学问题，则又是刑罚学研究中的弱势环节。研究刑罚权的发动及其限制，不仅对刑罚学的理论研究具有重要的作用，而且对于刑罚权的运行和完善都具有极为重要的意义。刑罚权是伴随着国家的出现而产生的，其产生具有历史的必然性，其存在也具有不可或缺性。

在法治国家，刑罚权不再是国家肆意发动得以任意侵犯公民合法权益的幌子，也不再是维护专制统治的工具，而是被赋予了更多理性的内涵，是打击犯罪和保障人权的坚实后盾。在本质上，刑罚权作为一种公权力，既要发挥保障国家安全和维护社会秩序的重要作用，也要发挥保障人权的重要功能。因此，对刑罚权的发动和限制进行研究不仅有利于确保刑法的正确实施，也有利于更好地监督公权力的运行和加强对人权的保障。

法治国家的罪刑法定原则要求国家刑罚权的行使必须有法律依据，而刑法的规定为刑罚权设定了种种限制，刑罚权的合理运行也体现了刑法的有效性。罪刑法定原则对刑罚权的限制不仅体现在立法上，还体现在司法上，为行为提供客观的标准从而阻止刑罚权的发动。随着法治文明的不断进步，刑罚权理论也必然会逐步深化而日臻完善。

二 研究思路和研究方法

总体的研究思路是：从历史到现实、从国外到国内、从现象到本质。刑罚权的发动及其限制研究全文共分为四个部分：第一章首先对刑罚权进行概述。介绍了刑罚权存在根据的几种学说、不同性质的刑罚权及西方刑罚权的流变。第二部分分析了刑罚权的内容，侧重从表象上阐述在刑罚的规定、刑罚的裁量和刑罚的执行中存在的一些问题。第三部分论述了刑罚权的发动，分析了刑罚权发动的原因和刑罚权发动的原则。第四部分对刑罚权的限制进行探讨，论述了刑罚权限制的原因和限制的立场。

在研究方法上，主要运用了历史研究方法、比较研究方法、刑事一体化研究方法及社会学的研究方法。要探究刑罚权的发展历程，必须运用历史研究方法和比较研究方法，在纵向和横向的比较研究中才能通过现象看本质，透析刑罚权本身的内在发展规律，从而达到刑罚权的合理发动与限制。刑事一体化研究方法综合运用犯罪学、刑法学、刑事诉讼法学及刑事执行过程中的相关知识和理论，对刑罚权的发动及其限制进行研究，以增强刑事立法、刑事司法及执行等多环节的联系，有利于更好地实现刑事法的目的。社会学研究方法比较成熟，也有其本身独特的角度，对刑罚权的发动及其限制的研究会形成独到的理解。将社会学研究方法运用到刑罚权的研究中，有助于从整体上考察刑罚权，并将刑罚权作为社会运行的有机组成部分。

第一章

刑罚权的概述

第一节 刑罚权根据

刑罚权属于国家权力的范畴,即对犯罪人实行刑罚惩罚的权力属于国家。对于刑罚权存在的根据问题,即国家为什么具有运用刑罚惩罚罪犯的权力或者可以说国家刑罚权存在的原因,有以下几种观点:

一 神授"天"说

神授说是人类历史上最为古老的对刑罚权根据的解释,不管是东方国家还是西方国家,该学说的基础都是君权神授理论。古人认为万物的起源是"天",《广雅·释言》:"天,颠也。"《尔雅·释诂》:"天,君也。"都是这种意识的体现。当然,君主的权力也来自于天授,命令权、禁止权和惩罚权等三种权力,都是统治者镇压被统治者的不可或缺的工具。统治者将这些权力都说成是履行"天"的意志,藉以巩固统治秩序。例如:《尚书·皋陶谟》有云:"天讨有罪,五刑五用哉。"《甘誓》载夏启攻伐有扈氏檄文曰:"天用剿绝其命,令予恭行天罚";《汤誓》记载商汤征讨夏桀,也说"有夏多罪,……尔尚辅予一人致天之罚。"用法律形式确定君主代天行罚的是《唐律疏议》,记载:"王者居宸极之至尊,奉上天之宝命,同二仪之覆载,作兆庶之父母。为子为臣,惟忠惟孝。乃敢包藏凶慝,将起逆心,规反天常,悖逆人理,故曰'谋反'。"[①]

在古代西方,神授说也占主导地位。例如,圣保罗(Saint Paul)

[①] (唐)长孙无忌等撰,刘俊文点校:《唐律疏议》,中华书局1983年版,第6—7页。

明确指出:"我们再也不用去思索刑罚权的渊源,这无非是神的代理人根据保障社会的必要,以惩罚作恶者的一种权利。……这些权利和义务是我们的创造主在把握着……政府就只有以代理人的立场,来执行裁判权。人类的法律也只有依据神的法度才能发生强制力;假若政府否认神,那就无异于否认他自己。"① 柏拉图也曾指出,"根据哲学和世界的本来意义,神的规则在习惯上被认为是神圣的和必要的制度。刑罚就是这样的制度……万物的和谐被犯罪所扰乱,而这种和谐必须得到修复,这种扰乱必须得到抑制……"②

二 契约说

该说认为,刑罚权的根据在于人们共同缔结的契约,人们为了寻求秩序的稳定而订立了契约,将部分自由割让出来,这部分割让出来的自由形成了国家的刑罚权。法国的卢梭和意大利的贝卡利亚是该说的主要代表性人物。社会契约论认为,社会条约是以保全缔约者为目的的,每个人由于社会公约而转让出去的自己的一切权力、财富、自由,仅仅是全部之中其用途对于集体有重要关系的那部分,如果谁要侵犯别人来保全自己的利益,就应当接受惩罚。卢梭指出:"正是为了不至于成为凶手的牺牲品,所以人们才同意,假如自己做了凶手的话,自己也得死。在这一社会条约里,人们所想的只是要保障自己的生命,而远不是要了结自己的生命。"③ 贝卡利亚运用社会契约论进一步阐述了刑罚权的根据,他说,在人类历史的某个阶段,人们为各种争夺利益的战争所困扰,自由也变成是空有其名,于是决定缔结契约,让渡出各自的部分自由,以便名副其实地享受剩下的自由。"正是这种需要迫使人们割让自己的一部分自由,而且,无疑每个人都希望交给公共保存的那份自由尽量少些,只要足以让别人保护自己就行了。这一份最少量自由的结晶形成惩罚权。"④ 这就明确说明了刑罚产生的根据是人们共同缔结的契约。

---

① 马克昌主编:《刑罚通论》,武汉大学出版社 1999 年版,第 20—21 页。
② 罗翔:《中华刑罚发达史——野蛮到文明的嬗变》,中国法制出版社 2006 年版,第 3 页。
③ [法] 卢梭:《社会契约论》,何兆武译,商务印书馆 2003 年版,第 43 页。
④ [意] 贝卡利亚:《论犯罪与刑罚》,黄风译,中国大百科全书出版社 1993 年版,第 9 页。

三 命令说或者国家统治权说

英国的法理学家奥斯丁是命令说的开创者,他认为法律从严格意义上来说就是命令,如果违反法律或者说不服从命令,那么就会被惩罚。后来该学说被俾尔得多(Bertauld)所发展,他认为国家有刑罚权是基于国家有命令权。"所谓命令权,就是说有使人们尊重该命令的权利,或者有制裁人们的权利——命令的制裁就是刑罚,所以命令权就是有处罚违反该命令的权利。这就是刑罚权的实在根据。……所以合法的刑罚权,是仅在于命令权(法律)的依赖,这就是刑罚的真实的根据,真实的渊源。"[①]

20世纪80年代,我国有些刑法学者提出了国家统治权说。持这种学说的刑法学者认为:国家刑罚权是一种国家权力,其根据就在于国家统治权,没有国家,没有国家统治权,也就无所谓刑罚权。[②]该学说与西方的命令说在实质上是相同的,即两种学说都认为国家权力是国家刑罚权的根据,不同点在于对于国家权力的表述,命令说认为国家权力是国家的命令权,而国家统治权说认为国家权力是国家的统治权。因此,这两种学说在本质上是一致的。

四 正义说

这种学说认为,正义是刑罚权存在的根据。该学说的主张者是德国著名哲学家康德和黑格尔。康德认为,惩罚犯罪者也只能是因为他的自由意志行为给他人的自由或社会利益造成了侵害,这种侵害违背了正义要求,对其进行惩罚也就是恢复被损害的正义,此外别无其他重要的目的。因此,国家惩罚犯罪者就是对其所实施的危害他人或者社会的行为的报复,这种报复是基于正义的要求。"如果不这样做,……就是对正义的公开违犯。"[③]黑格尔认为,法律惩罚犯罪者是正义的需要和表现,是承认犯罪者的自由意志,尊重他作为人所享有的尊严,因为犯罪是人

[①] 马克昌主编:《刑罚通论》,武汉大学出版社1999年版,第22页。
[②] 参见杨春洗、杨敦先主编《中国刑法论》,北京大学出版社1994年版,第176页。
[③] [德]康德:《法的形而上学原理》,沈叔平译,商务印书馆1991年版,第165—167页。

的自由意志对他所承认的法进行否定的行为，刑罚对犯罪者的惩罚是一种正当合法的否定也体现了正义的要求。在刑罚报复的正义性这个根据上，黑格尔与康德的观点实质上是一致的，尽管其实现的途径有别。

五　社会防卫说

该说认为，刑罚权的设立根据是遏制未然的犯罪，保护社会秩序。此说是由刑事人类学派的创始人，意大利的龙布罗梭提出的。他认为，犯罪是现实社会不可避免的现象，同样的，为了保护社会，刑罚也是不可避免的。龙布罗梭断言，除自然的必要与自卫的权利以外，刑罚再无别的根据，"惩罚权应当以自然必要性为基础，脱离了这样的基础，我不相信有哪些关于刑罚权的理论能够稳固地站住脚。"[1] 因此，他认为刑罚存在的唯一根据就是防卫社会。刑事社会学派的主要代表人之一菲利也主张社会防卫论，但他认为，刑罚法规并不能有效地防止犯罪的发生，刑罚对犯罪的反应不能过于简单直接，更不能以暴制暴，而应当考虑运用心理学和社会学的规律来实现社会防卫的目的。菲利认为刑罚只是社会用以防卫的次要手段，因而提出了在刑罚之外建立补充措施即刑罚的替代措施。

六　小结

在刑罚残酷的专制社会，神授说有其产生的背景，当时社会处于蒙昧时期，统治者假借虚幻的神明的意志来宣扬刑罚权的正当性，欺骗民众，使大多数人不敢怀疑统治者的权力。但是，在现代社会，这种刑罚权的根据显然是荒谬的。众所周知，神是由人创造的，超自然的神是不存在的。契约说的提出有着重大的历史进步意义，使人们从虚幻的神授说中解脱出来，启示人们应该关注现实生活中具体的人。但是历史实践证明，事实上这个契约是不存在的，国家产生的根据也不是人们相互间缔结的契约，国家是阶级斗争不可调和的产物。正如黑格尔所说，"国家根本不是一个契约，保护和保证作为单个人的个人的生命财产也未必说是国家实体性的本质，反之，国家是比个人更高的东西，它甚至有权

---

[1] ［意］龙布罗梭：《犯罪人论》，黄风译，中国法制出版社2000年版，第321页。

对这种生命财产提出要求,并要求其为国牺牲。"① 由此可见,契约说并不能正确解释刑罚权的根据。

正义说将刑罚权的根据归结为正义,有其合理性,因为刑罚应该符合正义的要求。犯罪是危害社会的行为,是一种恶,基于对犯罪的反应而产生的刑罚应该是正义的。但是正义是抽象的,相对的。比如,在阶级社会里,统治者和被统治者的利益是相对的,统治者为了镇压被统治者的反抗或者为了压制被统治者而制定的残酷的刑罚,统治者认为是正义的,但是被统治者却认为是非正义的。因此,抽象的正义说也不能合理阐明刑罚权的根据。社会防卫说指出刑罚权的根据是防卫社会,保证社会秩序,应该肯定该说具有极大的合理性。但是,该说脱离了社会政治经济发展的规律,它所说的社会并不是指阶级统治的社会,社会防卫也不是指统治者为维护其统治秩序而进行的防卫,因而具有相当的局限性,不能正确解释刑罚权的根据。

笔者认为,在国家拥有刑罚权惩罚罪犯的根据问题上,西方学者的命令说和我国学者提出的国家统治权说具有一定的合理性。刑罚权是国家统治权的一部分,是经过法律确定的,因此要阐明刑罚权的根据就必须弄清国家统治权的根据。马克思主义指出,国家是社会发展到一定阶段的产物,随着阶级社会的出现,需要有一种凌驾于社会之上的力量来调和经济利益相互对立的阶级之间的冲突,以使这些冲突保持在法的范围之内。因此,伴随着国家的产生,形成了国家的统治权。在阶级社会,国家是阶级统治的工具,是在经济上占统治地位的阶级在与敌对阶级的斗争中夺取政权后,维护其统治秩序的工具。在阶级逐渐消失,社会发展过程中形成了不同的阶层,国家成为执政者维护社会秩序,调和各阶层利益冲突的工具。"法律就是取得胜利并掌握国家政权的阶级的意志的表现。"② 不同的国家由于其上层建筑与经济基础不尽相同,掌握国家政权的阶级意志不相同,因此,刑罚权在不同的国家其具体内容也不相同。归根结底,刑罚权的根据在于国家的统治权,而各个国家不同的物质生产方式,政治结构和经济结构又决定了不同的刑罚权。当社

---

① [德] 黑格尔:《法哲学原理》,范扬等译,商务印书馆1961年版,第103页。
② 《列宁全集》第16卷,人民出版社1988年版,第292页。

会的生产方式本身发生变化或者政治结构和经济结构的调整，刑罚权的主体和内容也会相应地发生变化。

第二节 西方刑罚权流变

一 中世纪前期的刑罚权

在中世纪前期，虽然西方各国的政治统治方式不同即政治体制各异，但刑罚权大都趋于残酷，统治者为了巩固王权、维护君主专制政体，在保护社会的名义下对民众加大惩罚的力度，使用严酷的刑罚以镇压民众。其最主要的表现方式是死刑的适用范围极其广泛，比如在古希腊：亵渎圣物者、离经叛道者、通奸者、乱伦者等都可以被判处死刑。死刑的执行方法也很残酷，主要有：车裂、石击、开膛、毒杀、活埋、十字刑、烫死及绞刑等。

在古罗马共和时期，虽然议会制定的《十二铜表法》在当时具有重大的进步意义，但是该法仍然保留了许多残酷的刑罚。比如，该法第1条规定：凡是在公共场所领域范围内唱歌对他人进行侮辱的，或者使用文字对他人构成诽谤的，即触犯诽谤侮辱罪，判处死刑；第2条规定：凡是对他人身体造成伤残的，他人拒绝原谅的，他人可采取同样的方式伤残其身体；第23条规定：凡是为他人提供虚假证明的，即触犯伪证罪，判处死刑，执行方式是摔死。在专制主义的统治之下，古代西方的刑罚是极其残酷的，但是其最大的特点是虽然残酷但是很有节制。表现在如下三个方面：（1）法律的限制，一般的法律主要由元老院或者议会制定，专制统治者很少可以直接运用立法权进行独断专行；（2）死刑一般采用的是同态复仇的形式，是一种建立在报应基础上的复仇，其目的是追求一种公正，使惩罚与侵害在形态上保持一致；（3）西方的法律在制定时受基督教教义的影响比较大，因此刑罚在适用时也是有一定的节制的。综上所述，在中世纪前期，西方国家的刑罚权从总体上看是残酷的但是其发动又是有节制的。

二 19世纪之前的刑罚权

这一时期受启蒙主义思想的影响，中世纪以来的酷刑受到人们的猛烈抨击，启蒙主义思想家否定刑罚权的根据来自于神意，主张刑法与宗教的分离，并反对残酷的刑罚。刑事古典学派主张刑罚人道主义，认为刑罚不应施加给受刑人多余的痛苦。贝卡利亚认为，虽然刑罚的本质是痛苦，但是给犯罪人施加多余的痛苦是应该被禁止的，其主张刑罚应当宽缓。"只要刑罚的恶果大于犯罪所带来的好处，刑罚就可以收到它的效果。……除此之外的一切都是多余的，因而也就是蛮横的。"① 边沁也主张刑罚应当宽缓，他认为如果可以使用更为温和的手段达到同样的效果时，那么刑罚的适用就是多余的。刑罚之恶不能超过罪行之恶，如果超过了，那么刑罚的适用就是不恰当的。

康德从社会契约论的角度阐明了国家刑罚权产生的渊源，基于自由意志论，他认为在任何时候人只能被作为目的来对待。康德主张绝对报应刑以实现公正，但其始终认为在对罪犯进行惩罚的同时也应尊重其独立的人格权，这符合康德的道义责任论。继康德之后，黑格尔主张道义报应刑，刑罚的报应是对犯罪的报复，是一种正义的惩罚，惩罚犯罪者正是尊重犯人的自由意志、尊重其人格的体现。在启蒙主义思想及刑事古典学派的人道主义思想的影响下，不管是在欧洲还是在美国，各国都对其刑罚体制进行了重新的配置。

在19世纪之前，美国有许多惩罚性的措施包括耻辱刑，直到20世纪，这些耻辱刑才大量被监禁、罚金等刑罚措施替代。在北美殖民地时期，美国各自生活在自己地区范围内，很少去其他地区，因此他们对自己的名誉和名声很看重。比如，在弗吉尼亚殖民地，训诫是一种惩罚方式，被告人首先单独被地区法官或者教士训斥，然后以公开法庭的方式被地区法官正式训斥，当众认罪并宣告刑罚，刑罚全部或者部分地暂缓执行象征着社区人们的宽恕。教堂与国家机构的混合使得对犯罪行为的惩罚没有规则可遵循。在教会经常会出现这样的情形：被告人穿着白色的衣服，供认自己的罪行并且乞求得到宽恕。给被告人贴上标签（打上烙印）的方式有两种：暂时地或者永久性地。

---

① ［意］贝卡利亚：《论犯罪与刑罚》，黄风译，中国大百科全书出版社1993年版，第42—43页。

暂时的标签是重新融合性耻辱理论①的表现方式，它表示被告人的行为违法但是耻辱刑期间结束后，则表示被告人又重新融入了社会。然而，对于较严重犯罪的犯罪人则会被永久性地致残或者在其身上印刻字母或者标记。除了使被告人感到羞辱外，这些惩罚可以防止他们造成更严重的伤害并可以用其过去的罪行警告那些与被告人接触的人。其他的刑罚方法试图将行为与耻辱感相结合来反映被告人所犯的罪行，例如，偷大白菜的人就将白菜放在其头上戴上颈手枷示众。颈手枷、烙印及使残疾这些刑罚方法都优先于监狱和教养院。

但是，这些并不是当时美国所有的惩罚方式，当众处以鞭刑在当时的殖民地比较盛行，特别是对奴隶和佣人犯罪。有时，犯罪者被要求站在人群前一段时间，通常是一个小时，并被命令戴一个牌子，上面记载着自己的罪行和对公众的道歉，或者是被命令从事一定的能引起公众注意的劳役。罚金和对被害人的赔偿是适用最普遍的刑罚方法。可见，早期的美国法律广泛地应用耻辱刑，随着理性惩罚权的兴起及监狱作为执刑场所的普遍之后，美国的耻辱刑大范围地减少了。到了杰克逊总统时期，监狱已成为最普遍的刑罚执行方式。

综上所述，在启蒙主义思想及刑罚人道主义的影响下，这一时期的刑罚权逐渐摆脱野蛮、残酷，向理性迈进，刑罚在保护社会、维护政权、维持秩序的同时也兼顾对人身的保护，可以说刑罚的人道性及理性日趋彰显。

三　20世纪以来的刑罚权

随着人权保护意识的增强，人们对于残酷的刑罚不能容忍，迫切地要求刑罚的轻缓化。在刑事实证学派和新社会防卫论的推动下，人们极力地主张废除死刑，即使是长期的监禁也是不可以忍受的。刑事人类学派的龙布罗梭、加罗法格，刑事社会学派的菲利、李斯特、牧野英一等人基于社会防卫论极力否定刑事古典学派的道义责任论，主张教育刑论。龙布罗梭认为："惩罚权应当以自然必要性为基础，脱离了这样的

---

① 重新融合性耻辱理论：指在谴责犯罪人让其承担耻辱性后果的同时，又保持着对犯罪人的尊重，将犯罪人作为一个主体而不是客体来对待，包含着"只要你改正错误就会被社区接纳"的信息，注重犯罪人与社区的联系，在宽恕、协商的氛围中达到犯罪人的社会复归。

基础，我不相信有哪些关于刑罚权的理论能够稳固地站住脚。"① 社会责任论认为，社会防卫是刑罚存在的唯一根据，刑罚应该与犯罪人的人身危险性相适应，而不应该与犯罪行为的社会危险性相适应。② 犯罪者之所以受到惩罚，是因为其反社会的危险性格，为了社会防卫的需要，就必须惩罚具有危险性格对社会构成威胁的人。因此，凡是具危险性格的实施反社会行为的人，基于社会防卫的目的都应当受到惩罚。

在第二次世界大战后，随着对破坏民主、践踏人权的法西斯分子的审判，人们开始重新关注对人的尊严的保护，重视人权的保障。这种形势下，新社会防卫论产生了。新社会防卫论认为，能够使具有危险性格的反社会的人回归社会，重新适应社会秩序才是社会防卫的最终目标，体现了保障人权的重要思想。反对酷刑、主张刑罚的宽缓不仅要反对肉刑、死刑等残酷刑罚，而且还要注重对犯罪人权利的保障，教育帮助其重新回归社会，适应社会秩序。该理论还特别指出，国家应该帮助犯罪人重新回归社会，复归社会是犯罪人应有的权利。这种刑法思想在国际上引起了广泛的关注，国际人权运动也随之得以深入展开，其主要表现在 20 世纪中期以后陆续通过的一系列的国际条约上。这些国际性的条约和文件主要是关于犯罪人的人权保障问题的，比如：《囚犯待遇最低限度标准准则》《公民权利和政治权利国际公约》《世界人权宣言》《禁止酷刑和其他残忍、不人道或有辱人格的待遇或处罚公约》《囚犯待遇基本原则》《执法人员行为守则》《关于保护面对死刑的人的权利的保障措施》等。随着人权保障观念的加强，欧洲大多数国家纷纷废除了死刑。

西方的人权保护理念对于刑罚权的影响表现在：第一，对权利的保护就意味着对公权力的必要的限制，禁止刑罚的酷滥；第二，要求基于人道主义的立场使刑罚更趋向于人道化、理性化和轻缓化；第三，死刑的废除或者限制适用，自由刑更趋于轻缓，以及非刑罚化的提出。

---

① ［意］龙布罗梭：《犯罪人论》，黄风译，中国法制出版社 2000 年版，第 321 页。
② 参见马克昌主编《近代西方刑法学说史》，中国人民公安大学出版社 2008 年版，第 216 页。

第三节　我国性质迥异的刑罚权

一　威权社会的刑罚权

从某种意义上说，威权社会就是君主专制主义的社会，而君主专制的本质特征就是人治政治，其不可避免地具有很大的随意性和多变性。我国自从秦始皇统一六国，建立君主集权的专制统治以来，君主专制的政体就渗透着整个封建社会。这种政体统治下的社会具有两个基本特点：第一，帝王手中执掌着立法、司法、行政的一切权力，权力的行使不受任何监督，因此在这种社会环境中孕育的权力必然带有随意、酷滥的特点；第二，权力不仅在政治上对臣民具有残酷性和强制性而且还要实现思想统制和文化专制。权力的实现依赖两个方面，实施者和接受者。如果施行者的权力无人服从，威也就无所施了。

帝王为了维护其专制权力是威权社会刑罚权随意、酷滥的重要原因之一。那么这种政治传统又是如何形成的呢？早在战国时代即传统的政治格局逐渐形成的时期，针对如何治国的问题，儒家和法家就曾经展开激烈的争论。儒家主张施人治，以德服人，以礼来治理国家。而法家则倡导不论亲疏贵贱，以法作为赏功罚罪的唯一依据，即法治天下。秦孝公时，商鞅以法家的原则治理秦国，主张轻罪重刑以达到以刑去刑的目的。商鞅的主张使秦国建立了良好的秩序，适应了当时兼并战争的需要，也为秦统一天下奠定了坚实的基础。秦王朝建立后，继续以严刑峻罚来镇压民众，民众被迫举起反抗的旗帜。后人在总结秦朝灭亡的历史经验时认为，"秦之盛也，繁法严刑而天下振；及其衰也，百姓怨望而海内畔矣"。[①] 经过秦王朝的教训，儒家的"礼治"、"仁政"被后来的统治者所重视。到了汉武帝之时，董仲舒的"罢黜百家，独尊儒术"的建议被接受，儒家思想代替法家思想正式成为主导的统治思想。但是，应当注意的是，法家思想并没有被全面地否定，而是形成了儒法合流的局面。

---

① 金良年：《酷刑与中国社会》，浙江人民出版社1991年版，第139页。

虽然，儒家和法家在先礼治还是先法治的问题上争论激烈，但是儒家并不排斥刑杀，法家也主张等级秩序。儒法两家的共同点是都认可法就是刑，是使民众服从统治的某种强制，酷滥的工具。儒法合流带来的影响是巨大的。儒家思想统治下的威权社会，其刑罚偏于残酷。礼刑相辅，以礼入刑的结果是使道德混同于法律，君臣、父子、兄弟、夫妇、朋友内含着严格的尊卑意识，这种尊卑上下的等级之差被转化为法律上的特权。惩罚原则里写进"上请"和"亲亲得相首匿"，以体现处罚的差别。将严重违反伦常秩序的十类犯罪统称为"十恶"。法家的严刑峻罚的原则使威权社会的司法趋于严峻。法家认为，"去奸之本，莫深于严刑"①。其意思是，统治者要维护好统治秩序，必须把民众视为奸民，用严酷的刑罚治理，尤其是对于触犯礼教者，更应该严刑峻罚。儒法合流造就了威权社会的刑罚权偏重于残酷，目的是用刑使罪犯及整个社会惧怕。

如上所述，儒法合流决定了古代刑罚的酷滥。在封建社会前期，法定刑罚有五种：墨、劓、剕、宫、大辟。隋唐后沿用《开皇律》确定的封建五刑制度，即：笞、杖、徒、流、死。总体来说，死刑和肉刑是封建刑罚体系的核心。例如，酷刑的种类有：绞、腰斩、弃市、族诛、焚、脯、车裂、戮尸、凌迟、枭首等。这些法定的刑罚种类并不能概括古代刑罚的全部残酷性，在实际中还存在许多残酷的刑罚游离于律的规定之外。在专制统治下，统治者常常利用其所拥有的至高无上的权力，将其认为需要施行的酷刑定为特别刑罚，从而使其合法化，形式有律、令、科、比、格、式等。典型的例子是明初朱元璋多次颁布的酷令《大诰》。据记载，朱元璋为了整肃吏治，允许民众赴京举报，凡是官吏贪污六十两以上的，处枭首示众并剥皮。这种剥皮刑沿用至明末，也适用于其他的犯罪，方法既有死剥，也有活剥。还有梳流刑②、墨面文身、挑筋去指等等残酷的刑罚。

在威权社会中，法外酷刑是法定刑罚的重要补充，两者常常也相互转化。法外酷刑经过一段时期的施行，统治者为了维护统治秩序的需要将其正式入律。律中的酷刑被废除后，会以律以外的形式继续存在。除

---

① 《商君书·开塞》。
② 梳流刑指用铁刷子把人身上的肉一把一把地抓刷下来，直至露出骨头，最后断气。

了法定酷刑和法外酷刑之外，统治者还允许官吏在一定程度上随机应变地运用法令。基于威权社会的统治需要：既有一经制定，非有特殊原因，不得轻易修改的基本稳定的法典；又有诸多种类的与律具有同等效力的补充法规；另外，官吏在实践中还有灵活运用的权力。在这种社会结构下，统治者是最高的立法者和最大的司法审判者，其可以根据自己的统治需要，任意补充酷刑法网或者调整统治关系，以严刑峻罚来维护自身的统治秩序。在历史上，因帝王个人的喜怒好恶而入狱的，甚至是致死的官民数不胜数。因此，威权社会的刑罚权多酷滥。

二　理性惩罚权的兴起

到了近现代，可以追溯到清朝末年，随着西方列强的入侵，清政府原有的闭关锁国政策，完整的统治权力受到了很大程度的破坏和威胁。面对这种复杂的内忧外患的境况，不管是统治集团内部的具有远见卓识的人还是主张变法维新的资产阶级改良派，都主张通过改革，学习西方的法律体系。在君主立宪、三权分立、民主共和等政治理念的先后影响下，传统的法律制度被改造，刑罚权也随之开始了革新。

1910年，在清末修法大臣沈家本的主持下，《大清新刑律》制定完成。以沈家本为代表的修法者开始学习西方资产阶级的刑法体例，并从人道主义的立场出发重新认识古代的刑罚，其对刑罚的滥用及行刑之残暴进行了猛烈的批判和抨击。废除了传统的五刑，并减少死刑的适用罪名，死刑的执行方式也只保留绞刑一种。较之以威权社会的刑罚更为宽缓，废除凌迟、枭首、戮尸、缘坐等暴虐的刑罚。采用了罪刑法定的原则，删除比附（即为类推）的旧例等等。清末的刑律改革虽然实现了从封建传统刑法向近代刑法的过渡，但是终不过是"中学为体，西学为用"的形式主义而已。形式上规定了新刑律，但是政体仍然是君主专制，法外酷刑的现象仍然存在。

到了中华民国时期，临时政府一经成立就明确规定以人道主义为原则废止残酷的刑讯，同时公布了一些保护民权的措施。临时政府在对《大清新刑律》进行修改的基础上制定了《中华民国暂行新刑律》，但并未来得及实行，临时政府就解散了。在以蒋介石为首的国民党建立时期，于1928年正式公布了《中华民国刑法》，其体例上沿用《大清新刑律》的规定,同时还增加了易科、保安处分等制度。但是国民党为了维护其一党专制的统治,镇压共产党及民众的反抗,还先后制定了一系列的特别刑法。可以说,清末变法与民国初期的立法,标志着一种新制度的开始,也是中国法制现代化进程的开端。虽然这种转型的原动力是来自于西方文化的冲击及军事战争,但是其进步意义仍是值得肯定的。

中华人民共和国成立初期,在法制尚不健全的情况下,毛泽东领导的中国共产党提出的一系列的刑罚政策进一步体现了慎刑的思想。认为刑罚权的发动是否正义的标准为能否符合人民群众的根本利益。在死刑问题上,贯彻"少杀,可杀可不杀的不杀","坦白从宽,抗拒从严"等的政策,并且首创了死刑缓期执行的制度①,这是落实少杀政策的一项重要制度。同时,创立了管制制度,动员了社会的力量来监管犯罪分子,节约了司法资源,更重要的是体现了刑罚的轻缓化和社会化趋势。在"文化大革命"时期,法律标准在很大程度上被其他标准所取代。

很明显,比起法治来说,"文化大革命"时期更偏向于人治,通过公判和巡回批斗会的方式教育广大人民群众积极同坏人坏事做斗争,而不是通过法律来治理社会。这段时期的刑罚权具有如下特点:第一,刑罚权的发动没有节制,具有很大的任意性;第二,拥有刑罚权的主体广泛,社会里的每一个人都有惩罚和监视他人的权力;第三,刑罚权的内容不确定,甚至违反日常纪律的行为也纳入刑罚惩罚的范围;第四,刑罚权要实现的也不仅仅是法律功能,而且还要实现社会功能、经济功能和教育功能,比如:塑造新人,做好人好事,促进生产等。刑罚权的发动完全无界限,到了极度扩张滥用的程度,权力发动的不确定性和任意性在增加社会安全的同时,也使人们处于一种高度危险的状态中,因为在任何时候任何人都有可能被批判或者被惩罚。到了"文化大革命"后期,人们对这种不确定性的惩罚感到憎恶,期望用理性的、明确的、有节制的惩罚来取代这种不确定性的、模糊的、过度的惩罚。社会也开始思考重建社会主义民主和法制,并且认识到在失去监督的情况下无节制的发动刑罚权必然会丧失其先进性而取得相反的效果,从而遭到历史和人民的唾弃。重建社会主义民主和法制的思路试图用审判来代替运动,用法律

---

① 对于不是罪恶极大、不杀不足以平民愤的和虽然严重损害国家利益但尚未达到最严重的程度的人宣告死刑、缓期两年执行,强迫劳动,以观后效。

来取代革命，把革命所取得的成果用法律的形式巩固起来。1979年全国人大通过了《中华人民共和国刑法》和《中华人民共和国刑事诉讼法》，以此作为行使惩罚权的法律依据，自此惩罚理性真正兴起了。

三 法治社会的刑罚权

实行法治的首要核心是要有法可依，只有有了法，群众办事才会有章可循，违法行为才会受到约束和制裁。"文革"期间虽然也有法律，但是依旧出现混乱状态的原因是：法治的重点不仅在于要有法可依，而且还在于治理，即要用法来治理社会，充分地发挥法律的作用，将法与治紧密地结合起来。随着法律治理的兴起，刑罚权规制的对象不再是每一个具体的人，而是划分为各种类型的人，即一些能够承担刑事责任的人。具体来说，是一些具备主体意志能够为自己的行为承担刑事责任的"刑法人"（homo penalis）或者一些对社会产生巨大危害性的"犯罪人"（homo criminalis）[1]或者"危险个人"。[2] 每个个体在法律上都被看作是没有区别的主体，法律面前人人平等意味着法律规定公民享有平等的权利。

随着社会形态的转变和国家治理方式的变化，人民逐渐成为国家的主体，行使着各种法律赋予的权利，而这些权利的范围往往是由国家设定的。国家为了实现对人民的有效治理，划分出许多专业化的机构，因此新型的主体出现了，比如法官、律师、检察官等等。通过这些专业化的机构，法院、检察院、警察等，惩罚的权力与法律的规定得以联系起来，惩罚就具有了合理性和正当性。刑法中的罪与非罪的界限，罪名、罪状与惩罚的规定都成为一种规范，调整规范着人们的行为。"它以一种不自觉的、不加反思的方式构成人们思维的一部分，从而构成了直接支配行动的'看不见的权力'，即'符号暴力'或'惯习'"。[3] 各种

---

[1] 关于犯罪学理论中"犯罪人"概念取代"刑法人"概念的分析，参见：Pasquale Pasquino, "Criminology: the Birth of a Special Knowledge", in *The Foucault Effect: Studies in Govermentality*. Ed. By G. Burchell, C. Gordon and P. Miller, The Univ. Chicago Press, 1991.

[2] *关于"危险个人"的概念，参见福柯《十九世纪司法精神病学中危险个人的概念》，苏力译，《社会理论论坛》1999年第3期。

[3] 华康德、布迪厄：《实践与反思——反思社会学导引》，李猛、李康译，中央编译出版社1998年版，第62—67页。

专业化的权力机构所构成的微观权力机构的权力是由总体化权力机构所分配的。《刑法》确立了罪与非罪的界限，罪名与惩罚的配置，而司法机构根据法律的分配就取得了惩罚的权力。

在法律的引导下，权力的行使得以正当化与合法化，通过法律来治理社会也顺应了社会进步的需要，满足时代发展的需求。法律一方面分配指引着权力的行使，另一方面诸多程序性的技术也构成了对权力行使的限制，保障了公民更多的权利。对于刑罚权来说，促使刑罚权得以理性化运行的重要原则应该是罪刑法定的原则。早在1910年颁布的《大清新刑律》中，罪刑法定原则已经作为一项刑法原则引入中国，并于1997年的《刑法》第3条中正式确立。罪刑法定原则的确立，表明国家刑罚权的行使需要有正当的依据及合理的限度。刑罚权必须严格依照法律来行使，即在法律上要有依据，只能依据已经公布的、明确的且具有普遍性效力的成文法来行使。刑罚权的有限性有利于防止权力的滥用及法外权力的存在，也是理性化地行使刑罚权的标志。

罪刑法定原则是一个舶来品，当代意义的罪刑法定原则在很大程度上可以说是大陆法传统与普通法传统相交融的结果。英美法系的罪刑法定可追溯到1215年英格兰国王所签署的《大宪章》，其中第39条规定：凡自由人除经贵族依法判决或遵照国内法律之规定外，不得加以扣留、监禁、剥夺领地、没收财产、剥夺其法律上的保护权或者放逐出境、施加暴力、搜查或者逮捕。第40条规定：国王不得对任何人滥用、拒绝或者迟延行使权利。这两条包含限权思想的规定可以说是现代罪刑法定原则的思想渊源，因为限制国家刑罚权的滥用与保障人权是罪刑法定原则的核心思想，同时这两条规定也是现代法治的基石。随后，经过1628年的《权利请愿书》、1689年的《权利法案》，这种精神传到了美国。在美国1776的《独立宣言》与1787年颁布的《联邦宪法》第五修正案和第十四修正案中均有体现。

总体上说，英美法系的罪刑法定原则产生于权力之间的限制与抗衡，在限制行政权力的同时也限制了立法权。在英国，议会至上的原则虽然被确立了，但是议会所享有的立法权却不是无限制的。虽然没有明确的违宪审查的成文法规定，但是在实际上，议会通过的法案是要受控于普通法法院的，普通法所确立的普遍性原则，国会通过的法案也是必须服从的。在美国马伯里诉麦迪逊案中，马歇尔大法官宣布了宪法的解释权，在此之后，立法权也需要经过联邦最高法院的违宪审查。英美式的罪刑法定原则在很在程度上是一种实践理性，是司法的结果，主要通过程序保障来实现，而不是通过抽象的概念语言来表述的。较为发达的程序技术保障了罪刑法定原则的实现，比如侦查阶段的司法审查制度、各种证据规则、对抗制的庭审方式以及举证责任的分配等等。直到现在，普通法系国家仍然主要借助于程序性条款来保障罪刑法定原则的实现，来实现权力之间的制衡，避免国家刑罚权的滥用，另一方面也通过在诉讼程序中保障被告人的权利来实现罪刑法定原则之限制权力的目的。

大陆法系的罪刑法定原则是经过 1789 年法国的《人权宣言》第 8 条确立的，其明确规定：任何人，非经行为前制定并公布而且合适地适用法律，不得受到惩罚。这条规定确立了罪刑法定原则的现代意义，其不仅提供给自由民反对专制性政府以根本的宪法保障，而且还确立了刑法的根本性原则。随后，1791 年的《法国宪法》也规定了这一原则，1810 年的《法国刑法典》继续秉承了这一原则，该法典第一次将罪刑法定原则规定在刑法典中，其表述为：对任何违警罪、轻罪与重罪，不得处以在行为实施之前的法律中所没有规定的刑罚。在 19 世纪，法国刑法典几乎成为了整个欧洲大陆国家刑法典的立法蓝本，1851 年的《普鲁士刑法典》、1870 年的《德意志帝国刑法典》、1930 年的《意大利刑法典》、1937 年的《瑞士刑法典》等都载入了罪刑法定原则。

大陆法系国家的罪刑法定原则主要是对立法权的宣告，其主要目的是为国家刑罚权的发动与行使提供合法及正当的依据。启蒙主义思想以来的国家主权理论都认为，立法权是国家主权的体现，排除法官在这一领域里的任何个人意见，界定犯罪的全部权力归国家所有，为国家刑罚权的行使提供正当性的根据。不管是贝卡利亚提出的社会契约理论还是费尔巴哈所主张的心理强制说，以及后来出现的法益侵害说与规范违反说，其重要的目的可以说都是需要为国家刑罚权的行使提供正当合理的根据。大陆法系的罪刑法定主要是通过制定法律的形式限制权力的行使，即权力的行使必须要有法律上的根据。而且其主要是对司法权的限制，旨在严格约束法官的自由裁量权。其首要的目的是通过法律并且试图利用人的趋利避害的本能来实现有效地预防犯罪、治理社会，在保护国家社会秩序的同时实现对公民自由的保障。总的来说，大陆法系国家的罪刑法定原则是在抽象概念基础上进行的理论化的建构，因而其实现主要借助于犯罪构成体系来完成，按照犯罪构成体系的阶层依次进行判断，从而实现罪刑法定原则的宗旨。

随着罪刑法定原则被越来越多的国际性人权条约所记载，大陆法系国家的罪刑法定原则与英美法系国家的罪刑法定原则也逐渐融合，表现为：大陆法系国家对于程序性保障的加强与重视等，英美法系国家注重对成文法的制定，以刑事实体法领域的法典化来限制法官的自由裁量权。因此，现代意义上的罪刑法定原则在很大程度上是两大法系传统整合的结果，其不仅是刑法的根本性原则，也是宪法的重要原则之一。

罪刑法定原则在保障权力得以正当化、合理化行使的同时，通过禁止类推解释、禁止事后法、禁止不明确的刑事法、禁止习惯法、禁止残酷的及绝对不确定的刑罚等诸多的规则技术以达到限制国家刑罚权任意发动的目的，有助于更合理地规范国家刑罚权的发动。而现代法律的功能也是通过制约国家公权力的行使以保障公民的自由，通过不同机构间的权力安排与分配来实现权力之间的制衡。

罪刑法定原则对国家刑罚权的限制主要表现在两个方面：一是通过法律的限制；二是通过行为的限制。罪刑法定原则要求国家必须通过事先公布的法律来确定犯罪行为，并且只有法律才能界定犯罪行为，也即发动国家的刑罚权必须具有法律根据。国家刑罚权的发动根据必须是具有普遍适用性的、不溯及既往的、明确性的成文法，只有这样才能避免国家刑罚权的滥用，阻止法外权力的恣意行使。该原则既是对立法权的限制，也是对司法权的限制，法官在定罪量刑时不得通过类推随意对犯罪行为的范围进行扩张解释。另一方面，罪刑法定为了限制刑罚权的发动，设定各种客观的行为标准，司法机构只能根据这些标准来评价行为，而不能根据行为人的主观意志进行主观归罪。罪行法定提供的行为标准主要是为了限制司法机构的权力滥用行为，阻止刑罚权的任意发动。但是，司法机构有发动刑事程序的主动权，他们往往利用非正式的、秘密的手段进行调查、逮捕、讯问与指控，因而需要由制度性工具确保其发动的决定尽可能公平、无私和理性。①

从目前的理论研究状况来看，对罪刑法定的理解有形式侧面的理解和实质侧面的理解之分。形式侧面包括法律主义、禁止事后法、禁止类推解释和禁止不定期刑，实质侧面包括刑罚法规的明确性原则和刑罚法规的内容适正的原则（即禁止处罚不当罚的行为及禁止不均衡的、残虐的刑罚）。② 从上面的分析来看，罪刑法定原则主要是通过其形式的侧面来达到限制刑罚权发动的目的，罪刑法定所包含的法律至上，禁止溯及既往与类推，禁止事后法，要求法的确定性等都是有关成文实定法在形式上的合理性问题。罪刑法定主义所倡导的就是形式合理性：只有法律规定为犯罪行为的，才能定罪处刑；法律没有规定为犯罪行为的，无论该行为具有多么严重的社会危害性，都不能定罪处刑。③ 比如，如果立法者规定"随便踩踏草坪处三年以下有期徒刑"。在这一规定写进刑法典之后，我们无法以违反罪刑法定原则的要求来认定其是否有效，而只能通过宪法规范这样的上位法来认定其是否有效。

罪刑法定原则对立法权的限制也主要表现为避免出现没有法律根据的惩罚或者刑罚规定不明确的法律或者根据事后法做出的惩罚等。在威尔策尔看来，罪刑法定原则包含三层意思：（1）只有实定法才能宣告某一行为为犯罪；（2）只有实定法才能对行为设定刑罚；（3）前二者必须在行为实施之前确定。④ 因此，除制定法之外的任何一种法律都不能成为刑罚权发动的根据，罪刑法定原则更侧重于从形式上设定国家刑罚权发动的障碍。对国家刑罚权发动的实质性限制应该更多地借助于宪法规范或者其他具有操作性的具体的制度。比如，美国通过宪法第八修正案来禁止残暴的、多余的刑罚；德国是通过法益的概念和理论来对刑罚权的发动进行实质性的限制。而我国的刑罚权缺乏上位法的实质性制约，这一点下文将会深入分析。

以 1979 年《刑法》的正式颁布为界点，刑罚权的发动呈现了新的特点，具体如下：（1）发动刑罚权的主体仅仅限定在专业化专门化的

---

① See Herbert Packer, *The Limits of the Criminal Sanction*, Stanford: Stanford University Press, 1968, pp. 88–90.
② 参见张明楷《刑法学》，法律出版社 2016 年版，第 48 页。
③ 参见陈兴良《罪刑法定主义》，中国法制出版社 2010 年版，第 34 页。
④ 参见劳东燕《罪刑法定本土化的法治叙事》，北京大学出版社 2010 年版，第 137 页。

组织和机构上，主要是公安机关、检察机关和法院，但最终都要在法院宣判，法院是决定刑罚的终极机构；（2）刑罚权惩罚的对象仅仅限定在行为前所公布的明确的可预见的法律所规定的惩罚范畴之内，依据明确的成文法的规定来确定罪与非罪的界限；（3）惩罚的程序或者说技术也仅限于实体法和程序法的明确规定，对于滥用程序或者技术给行为人造成损害的可以获得法律上的救济，即法是一切行为的准则和依据。

第二章

刑罚权的内容

我国的刑法学界对于刑罚权的具体内容到底包括哪些的问题，有两种主要的意见：一种意见认为，刑罚权包括制刑权、求刑权、量刑权和行刑权；另一种意见认为，刑罚权是指制刑权、量刑权与行刑权的统一。两种意见都有一定的道理，但作者更赞同第二种观点。具体原因有：

第一，首先，刑罚权是一种国家权力，是构成国家统治权的重要部分，是国家对犯罪人的一种惩罚，属于强制力的范畴。这种强制力的施加不需要得到犯罪人的同意，不管犯罪人同意与否，都不影响强制力的施行。因而，刑罚权属于公权力的范畴，刑罚也就是一种公刑，是特定机构依法代表国家行使的权力。刑罚权这种公权力的属性不允许任何私人触及，私人擅自使用任何类似刑罚的强制方法就是对法律的违反，是被禁止的。即使是特定机构代表国家行使刑罚权的过程中也必须遵守一定的规范，有法的依据，否则也会受到相应的惩罚。比如，司法工作人员对犯罪嫌疑人、被告人实行刑讯逼供或者使用暴力逼取证人证言的，构成刑讯逼供罪、暴力取证罪。

第二，刑罚权是法律上规定的对犯罪人科处刑罚的权力，是国家与犯罪人产生联系的纽带，更确切地说是一种法律关系。这种法律关系依据法律所规定的构成犯罪的事实而发生，并且只能按照法律的规定行使。因为法律事先明文规定了对不同犯罪所科处的刑罚，以及科处何种刑罚。如果不按照法律的规定行使刑罚权，那么就是违反法律的行为，构成了对刑罚权的滥用，会受法律的制裁。

第三，刑罚权是国家对实行犯罪的人科处惩罚的权力，应当与求刑权相区别（公诉权和自诉权），求刑权是指：按照刑事诉讼法的规定，检察机关或者被害人直接向法院提起请求对犯罪人定罪判刑的权利。如果法院经过审查不接受检察机关或者被害人的请求，则就不发生刑罚权的问题。反之，法院经过审查接受了检察机关或者被害人的请求，则这种请求成为刑罚权发动的条件。因此求刑权不能必然导致刑罚权的发生，只是一种诉讼权利，并且在自诉案件中私人也享有求刑权，而刑罚权是国家特有的权利，求刑权在性质上不完全与刑罚权的性质相符合。综上所述，刑罚权是刑罚创制权、刑罚裁量权和刑罚执行权的统一。

第一节 刑罚的规定权

一 立法机关在规定刑罚中存在的问题

从总体上来看，我国现行的刑罚体系更偏向重刑化，不仅表现在主刑与附加刑设置的不科学，而且也表现在具体刑罚种类之适用的不完善。具体来说，主要有如下几点表现：

首先，主刑以自由刑为主，而将财产刑和资格刑都作为附加刑，财产刑没有被作为主刑设置在刑罚结构中，也没有自由刑与财产刑之间的换算。将自由刑作为刑罚结构的中心，具有重刑化倾向的特点。

其次，对死刑的规定缺乏充分合理的限制，我国刑法中没有明确规定适用死刑的原则也没有应当限制死刑适用的原则。另外，过于模糊地规定死刑缓期执行的适用条件，导致死刑在司法实务中的操作不具有统一性。在我国，最高人民法院虽然将死刑复核权收回，但是在死刑的适用数量及适用程序方面尚有调整的空间。在欧洲有许多国家已经全面废除死刑或者停止执行死刑，即使是没有废除死刑的国家也规定了非常严格的限制死刑适用的原则和程序。比如，在美国给一名罪犯执行死刑的经济耗费远大于将其监禁终身所需的耗费，每执行一起死刑需耗费数百万乃至上千万美元。[①]

最后，个别刑种表现出过于严厉的倾向与其自身的性质及体系地位不相符合。比如，刑法总则中没有具体细致的规定罚金、没收财产的适用原则；剥夺政治权利的内容是剥夺作为公民基本人权的权利，而其作

---

① 参见邱兴隆、杨凯主编《刑法总论研究》，中国检察出版社2004年版，第365页。

为附加刑的体系性地位不相符合也与整个刑事法治的发展趋势不相吻合。

(一) 生命刑

抛开死刑的存废之争，就死刑现有的制度进行反思。我国刑法第48条到51条规定了关于死刑的各种制度，包括死刑的适用对象及核准程序、死刑适用对象的限制、死缓的变更及死缓执行期间的计算等内容。

首先，对死刑的适用条件"罪行极其严重"，在理论界和司法实务界存在多种不同的理解。法定标准说将法定刑划分为不同的层次来定义罪行极其严重，其根据法定最高刑将全部的罪行划分为六个不同的级别，分别是：罪行轻微、罪行较轻、罪行一般、罪行严重、罪行特别严重和罪行极其严重，同时认为罪行极其严重即构成了法定最高刑死刑的罪行。客观标准说认为罪行极其严重主要指客观上的危害行为及行为后果，但也有坚持这一论点的学者认为：在坚持少杀、慎杀的死刑政策的同时，对罪行极其严重作限制性解释。人身危险性说认为罪行极其严重的评价标准包括犯罪人的人身危险性，即评价标准不仅包括行为的客观危害性也包括行为人的主观罪过及人身危险性。主客观相统一说从主观和客观两个方面评价罪行极其严重，即行为人所实施的性质特别恶劣的犯罪造成了严重的危害后果。国际标准说从协调国际公约相关规定的角度阐释罪行极其严重的含义，认为其应遵循国际公约中所解释的最严重犯罪的最低标准，将一些没有严重后果的故意犯罪排除出死刑的适用范围。对罪行极其严重的众多标准说明了我国刑法对死刑适用条件规定方面的不足。

其次，死刑缓期执行的适用条件，符合死刑的罪行极其严重的标准但是又不是必须立即执行的犯罪人。该规定存在两方面问题，一方面不是必须立即执行的规定过于不确定，对于什么情况下不是必须立即执行，不管是刑法还是相关的司法解释都没有做出明确的规定。在理论上，有学者对不是必须立即执行作出了如下解释：犯罪分子出于义愤杀死多名被害人；犯罪分子的罪行应当判处死刑，但是由于是邻居或者同乡等内部矛盾引发的犯罪，外加有关部门的不当处理，从而使矛盾进一步激化，导致了该犯罪行为的出现；犯罪人的激情犯罪是由于被害人的过错引发的或者具有其他应当留有余地的情节；犯罪人的犯罪行为应当判处死刑，但是在犯罪后，犯罪人从事过有益于社会的重大影响的事情等等。笔者认为，上述阐述仍然不能明确说明不是必须立即执行的含义，不是必须立即执行的规定过于不确定，属于刑罚制定方面的不足。

再次，死刑缓期执行改为死刑立即执行的条件规定方面存在不足。我国刑法第50条规定，犯罪人故意犯罪，情节恶劣。死刑缓期执行改为死刑立即执行的条件。而刑法第14条规定，故意犯罪是指行为人明知自己的行为会发生危害社会的结果，并且希望或者放任这种结果的发生，从而构成犯罪的，包括直接故意犯罪与间接故意犯罪。因此，犯罪人的犯罪行为只要是符合故意犯罪的构成要件且情节恶劣，犯罪人在死刑缓期执行期间就会被立即执行死刑。而对于情节恶劣没有具体规定，该故意犯罪也不管犯罪人的犯罪起因、用何犯罪手段、犯罪的动机为何、犯罪所造成的影响、危害性程度的大小等。根据刑法的规定，若犯罪人在死刑缓期执行期间实施的是过失犯罪，不管该犯罪的危害程度大小，都不应判处死刑立即执行。《刑法修正案（八）》新增的危险驾驶罪当属于故意犯罪，六个月拘役的最高法定刑配置使得部分过失犯罪的社会危害性程度大大超过该故意犯罪，同时也不能一概认为故意犯罪人的人身危险性都大于过失犯罪人的人身危险性。因此，对于死刑缓期执行期间的犯罪人所犯的过失犯罪，如果社会危害性比较严重、也有比较大的人身危险性的，不更改为死刑立即执行，并不符合公正平等的法律精神。也就是说，在死刑缓期执行变更为死刑立即执行的条件上，如果不考虑区分故意犯罪的各种不同的严重性复杂情形、也完全不考虑严重的过失犯罪的情形，那么死缓犯执行死刑的条件就显得不严谨。另外，对于死刑缓期执行变更为死刑立即执行的时间标准也规定得较为不明确。我国刑法第50条规定，被判处死刑缓期执行的犯罪人在两年期间内故意犯罪，情节恶劣应执行死刑。但是，关于执行死刑的时间是在考验期两年期满之后还是在故意犯罪后考验期尚未届满前就对该犯罪人执行死刑，刑法中没有明确的规定也没有相关的司法解释出台。但是，理论界对此形成了不同的看法，主要有以下几种：期满说，该说认为应该在考验期两年届满后执行死刑，这样更合适；随时说认为在死缓两年期间内发现情节恶劣的故意犯罪的，就可以随时核准执行死刑；区分说，持该论者的学者认为应当区别不同情况判断,若所犯故意犯罪本身是严重的应当判处死刑立即执行的犯罪,就可以将死刑缓期执行变更为死刑立即执行,不必到两年期满后,但是在其他情况下应当等到两年期满后才能执行死刑。笔者认为,基于人道主义的立场以及"少杀、慎杀"的死刑政策,对于死刑缓期执行期间情节恶劣的故意犯罪的犯罪分子,应等到两年缓刑期满后再决定是否执行死刑。如果犯罪人在故意犯罪之后,在缓刑考验期满前又有重大立功表现的,在两年期满后就不应对其立即执行死刑。

最后,没有规定在死刑缓期执行期间出现故意犯罪与重大立功表现的双重状况应该如何处理。刑法第50条仅仅规定了犯罪人在死刑缓期执行期间有无故意犯罪的不同处理方式,但是没有规定既有故意犯罪又有重大立功时的处理方式。对此,学者们有以下几种认识:减为无期徒刑说,该说指出本着有利于被告人的精神,对于犯罪人在死刑缓期执行期间故意犯罪又有重大立功表现的应减为无期徒刑;执行死刑说认为,根据刑法第50条的规定,不管犯罪人有无重大立功表现,只要犯罪人故意犯罪,情节恶劣的经查证属实,就应该适用死刑立即执行;区分情况说,该说认为前两种学说的结论过于简单,都没有考虑重大立功与故意犯罪在先后、重要性及程度等方面的复杂关系,应当根据具体情况综合分析考虑故意犯罪的危害性与重大立功给国家和社会带来的利益之间的比较。笔者认为,在司法实践中区分情况说比较具有可采性,但是这些观点毕竟只是学理上的讨论,并不能真正弥补刑法规定本身的不足。以上几种情况都是在生命刑方面的刑法规定不明确的地方,在关系着犯罪人生与死两种不同命运的情况下,国家立法机关确实应该作出具体明确的规定,司法机关才能够更准确地适用法律的规定对犯罪人进行公正的裁决。

(二) 自由刑

这里的自由刑指狭义的自由刑,包括拘役、有期徒刑和无期徒刑。

1. 拘役。我国刑法第42条到第44条对拘役作出了规定,包括拘役的期限、执行及刑期的计算。对于拘役,就刑罚的规定方面而言,存在的问题主要有:

第一,拘役和管制主要适用于社会危害性程度较小的犯罪,但是司法机关适用拘役的比例要高于管制，因为拘役的执行方式较灵活，有就近关押或者缓期执行，刑期也较短，因而适用率较高。对于被判处拘役缓期执行的犯罪人来说，其所享有的待遇比管制要强，如果缓期执行期间没有被剥夺政治权利的，其依法继续享有政治权利，并且在缓期执行期间如果没有故意犯罪就可在期满后不再执行原判刑罚。事实上，拘役在一定程度上替代了管制所起的作用。

第二，对于被判处拘役的犯罪分子由公安机关就近执行，对于就近的含义，法律与司法解释都没有相应的规定，是指距审判犯罪人的司法机关所在地近还是指就犯罪人居所地近呢，不太明确。如果是按前一种做法理解，存在的问题是来自外地的犯罪人在本地执行刑罚。如果按后一种做法理解，面临的问题就是在外地犯罪的犯罪人回到其原居住地执行刑罚。无论哪一种做法都有操作上的困难，特别是在当前流动性不断增强的社会，外地人犯罪后若适用缓刑，回到原居住地，适用缓刑的目的不太容易达到。若本该适用缓刑，由于是外地人适用缓刑不容易达到效果而没有适用缓刑，似乎又不符合法律面前人人平等的原则。

2. 有期徒刑。作为主刑的一种，刑法第45条和第46条对有期徒刑的期限及起算等作出了明确的规定，但是就有期徒刑的设定来看，还存在不合理的地方。主要表现有：

第一，有期徒刑最高刑期的设定不合理，虽然目前世界各国的刑罚结构逐渐体现出经缓化的趋势，但是并没有忽视罪刑相适应的原则而一律从轻处理。一般来说，在总体上都是对能用轻刑处理的决不用重刑，该重罪的就用重刑。这样既有利于实现刑罚的目的也能实现刑事司法资源的合理分配，集中有限的司法资源到最需要的地方。而我国刑法中的有期徒刑的规定没有体现出这一特点，立法机关将有期徒刑的最高刑期设定在15年，数罪并罚时区分不同的情况①，最高刑期的上限分别为25年和20年。当前在减少、限制乃至逐步取消死刑的国际环境影响下，有期徒刑可以说是在司法实践当中运用较为普遍的刑种，但是其最

---

① 《刑法修正案（八）》对第六十九条作了如下修改：将原来数罪并罚刑期最高不超过二十年改为对于为数不多的罪行严重、有期徒刑总和刑期在三十五年以上的犯罪分子，数罪并罚的最高刑期上限延长至二十五年；对于总和刑期不满三十五年的，数罪并罚的上限仍是二十年。

高刑期设定的过低不能满足逐步限制、取消死刑的作用。

第二，总则条文对有期徒刑的规定没有层次性，不利于分则条文根据具体犯罪的性质及危害程度确定相应的有期徒刑的幅度，从而得以更好地贯彻罪责刑相适应原则。比如，法国刑法典在总则部分的第131.1条和第131.4条就明确对重罪和轻罪作出了区分，也预先设定了可能配置的有期徒刑的幅度。而我国刑法中关于有期徒刑的规定相对简单，只是规定有期徒刑的刑期是六个月以上十五年以下，但是对于具体犯罪的有期徒刑如何设定及设定幅度的问题没有规定。对于危害程度不同的犯罪如何设置不同幅度的有期徒刑，以及如何区分重罪与轻罪等也没有明确规定。立法上对于具体犯罪需要设定的有期徒刑幅度没有明确的依据及限制，司法部门对轻罪与重罪的标准争议也较大，有的认为以三年为标准，而有的则认为应以五年为标准。另外，如果立法上对某个犯罪设定的有期徒刑幅度较大时，应该如何确定合理的刑罚，这些都导致了司法实践中出现同罪异罚等的不公平现象。

3. 无期徒刑。刑法第46条对无期徒刑的执行问题作了简要的规定，但是对哪些主体不能适用无期徒刑没有提及。刑法第49条对死刑适用的消极主体作出了规定，而无期徒刑也适用于较为严重的犯罪，在严厉性程度上仅仅次于死刑，但是对于未成年人及75岁以上的老年人是否适用无期徒刑则没有规定。

首先，关于未成年人可否适用无期徒刑，根据现行的法律规定和相关的司法解释未成年人是可以适用无期徒刑的。因为，在我国被判处无期徒刑而真正服刑终身的人数极为少见，我国刑法中规定了减刑、假释等制度，被判处无期徒刑的罪犯，一般都会经过服刑改造后得到减刑、假释的机会。因此，对未成年人适用无期徒刑可以有效地起到打击和预防犯罪的目的。但是，笔者认为，对未成年人不应该适用无期徒刑，原因如下：

第一，无期徒刑是仅次于死刑的刑种，具有很强的严厉性，而且还要附加剥夺政治权利终身，这种严厉性的特点决定了对未成年人不宜适用。未成年人一般可塑性较大，容易改造，如果对未成年人判处无期徒刑则对于未成年人的教育改造来说会造成极大的影响。

第二，相关法条的规定在客观上将未成年人排除在无期徒刑之外。

刑法第 49 条规定犯罪时不满 18 周岁的人不适用死刑，故对未成年人能够适用的法定最高刑就是无期徒刑。而刑法第 17 条又规定对于已满 14 周岁不满 18 周岁的人犯罪应当从轻或者减轻处罚，无期徒刑本身的不可分割性决定了对于未成年人犯罪只能在无期徒刑以下判处其他较轻的刑种。

第三，对未成年人不适用无期徒刑也符合国际法的规定。《联合国儿童权利公约》规定：应当严格按照法律的规定对儿童实施监禁，并只能是最后的手段其期限也应是相应的最短时间。第 17 届国际刑法大会通过的《国内法和国际法下的未成年人刑事责任决议》进一步明确规定了对未成年人适用的最高刑罚是 15 年有期徒刑。而我国刑法中对未成年人是否适用无期徒刑没有规定，应该属于刑罚规定方面的不足。

其次，对于老年人是否适用无期徒刑的问题，刑法中也没有明确的规定。《刑法修正案（八）》在刑法第 49 条中增加的第二款规定："审判的时候已满七十五周岁的人，不适用死刑，但是以特别残忍的手段致人死亡的除外。"按照刑法的规定，对于老年人是不排除无期徒刑的适用的，但是司法实践中对老年人不适用无期徒刑，从总体上来说应该是利大弊小。75 周岁以上的老年人大部分体弱多病，不适合参加劳动，从某种程度上来说，被判无期徒刑后关押在监狱就是养老。例如，2008 年 9 月，湖南 69 岁老汉付达信在北京站广场持刀抢劫。北京铁路运输法院以抢劫罪判处其有期徒刑两年。在案件审理过程中，付老汉自称抢劫是"为了反映生活困难问题"及"入狱养老"，同时恳求法官给自己重判。[①] 另外，老年人毕竟年岁已大，生命的能量大步减退，适用有期徒刑关押一段时间，进行必要的教育改造，让其回归社会，加强社会保障措施，同样能起到惩罚的作用也能节约司法资源，减轻监狱的压力。

（三）财产刑

根据刑法第 34 条的规定，财产刑包括罚金与没收财产。

1. 罚金刑。刑法第 34 条将罚金刑作为第一种附加刑予以规定，在第 52 条和第 53 条又分别对罚金的判处根据和罚金的缴纳方式作出了相应的规定。但是，关于罚金刑的规定方面仍有商讨的余地，具体表现在

[①] 参见《老汉入狱为养老》，《京华时报》2008 年 12 月 22 日。

以下几个方面：

（1）罚金刑的判处根据不够全面。我国刑法第 52 条规定，判处罚金，应当根据犯罪情节决定罚金的数额。但是，判处罚金如果不考虑犯罪人的财产情况而仅仅考虑犯罪情节，就有可能造成罚金的判决难以执行的困境。[①] 针对这个问题，最高人民法院于 2000 年 12 月 13 日发布了《关于适用财产刑若干问题的规定》，该规定的第 2 条指出，人民法院应当根据犯罪情节，如所造成损失的大小、违法所得数额等情节，并综合考虑犯罪人缴纳罚金的能力，依法判处罚金。该司法解释是对刑法第 52 条规定的补充，明确了适用罚金刑时应当综合考虑犯罪情节与犯罪人的财产状况。防止出现判决由于犯罪人的经济能力不足而难以执行，从而难以实现刑罚效果的现象。

（2）罚金刑缴纳方式的规定不足。刑法第 53 条规定了罚金的缴纳方式有：一次缴纳、分期缴纳、强制缴纳和随时追缴，如果遭遇不能抗拒的灾祸缴纳确实有困难的，还可以酌情减少或者免除。对于分期缴纳，虽然最高人民法院的司法解释规定了犯罪人必须在判决发生法律效力后三个月内缴纳完毕，但是关于分几期缴纳，每期缴纳的数额等都没有明确规定。另外，对于那些经济状况确实存在困难的犯罪人来说，不能实现的可能性很大。因此，罚金刑的执行方式还需要进一步细化，以更好地实现罚金刑的目的。

2. 没收财产。刑法第 59 条和第 60 条对没收财产的范围及以没收的财产偿还债务作出了规定，但是从司法实践来看，没收财产在实际执行中存在着障碍。没收财产的范围包括犯罪人的个人合法财产，但是对已经成家的犯罪人实施没收财产，就必须在执行之前把犯罪人的个人财产清算出来，因此就要在夫妻共同财产、家庭共同财产中清理出犯罪人的个人合法财产。问题是，在很多时候难以对共同财产进行区分，如夫妻只有一处共有房产，没有其他财产可以执行，假若将房产拍卖以执行没收财产，那么另一方则无居所。另外，根据刑法第 36 条的规定，在执行没收财产的时候要遵循民事赔偿优先的原则。但是第 60 条规定，在没收财产前犯罪人所负的正当债务，要以没收的财产偿还的，需经债权

---

① 参见张明楷《罚金刑若干问题的再思考》，《中国法学》1992 年第 2 期。

人提出请求。如果债权人不知道犯罪人被判没收财产，那么债权人的利益就得不到保障。因此，在没收财产中遵循的顺序是先是被害人的利益，然后是国家利益，最后是债权人的利益。在某种程度上来说，这种方式不利于债权人的权益。

(四) 资格刑

根据刑法第 34 条和第 35 条的规定，资格刑包括剥夺政治权利和驱逐出境。驱逐出境主要适用于犯罪的外国人，可以独立适用也可以附加适用，但是刑法没有明确规定哪种犯罪的外国人适用该种刑罚，具体该如何执行。如果被判处缓刑的外国人在缓刑期间是否可以适用驱逐出境。总的来说，刑法对于驱逐出境的适用条件和执行方式等问题缺乏明确的规定。

刑法第 54 条到第 58 条规定了剥夺政治权利的内容、期限、适用对象及刑期计算。关于剥夺政治权利内容的第 2 项，由于刑法规定的不明确，目前理论上存在着两种争论：一种观点支持狭义的剥夺说，即将剥夺言论、出版、集会、结社、游行、示威自由的含义限制理解为剥夺犯罪人发表政治性言论、出版政治性书籍、进行政治性集会、政治性结社的自由。而游行、示威的活动本身带有政治性的特征，所以当然地列入被剥夺的范围。[①] 另一种观点则坚持文义的剥夺论，认为这里的言论、出版、集会、结社、游行、示威的自由与宪法里规定的含义相同，而不是仅指政治性的言论等诸权利。很显然，如果按照第一种观点理解可以得出对犯罪人有利的结论，但是刑法本身的规定不明确导致的学术争论仍然需要填补。

刑法第 55 条、第 56 条和第 57 条规定了剥夺政治权利的适用对象，对象过于宽泛，包括：被判管制附加剥夺政治权利的人；危害国家安全罪的犯罪人；故意杀人、强奸、放火、爆炸、投毒、抢劫等的严重破坏社会秩序犯罪的犯罪人；被判处死刑、无期徒刑的犯罪人。其中，被判管制附加剥夺政治权利的人和犯故意杀人、强奸、放火、爆炸、投毒、抢劫等严重破坏社会秩序之犯罪的犯罪人属于可以附加剥夺政治权利，而其他两种犯罪人是必须附加剥夺政治权利的。剥夺政治权利适用的犯

[①] 参见马克昌主编《刑罚通论》，武汉大学出版社 1999 年第 2 版，第 231 页。

罪人类型如此广泛，产生了一些问题：第一，根据刑法第39条的规定，被判处管制的犯罪人未经执行机关批准，不得行使言论、出版、集会、结社、游行、示威自由的权利，如果再被附加剥夺政治权利，内容上存在重复的问题。并且，一般来说只有轻罪才会被判管制，被判管制的犯罪分子必须遵守很多规定，如果再被附加剥夺政治权利，似乎不妥；第二，不区分情形即没有明确适用条件而规定对犯故意杀人、强奸、放火、爆炸、投毒、抢劫等严重破坏社会秩序犯罪的犯罪人可以适用剥夺政治权利容易导致司法机关的适用法律活动在没有必要的法律约束的情况下出现较大的随意性。

二 立法机关规定刑罚的标准

根据刑法第13条的犯罪概念的定义，犯罪是指违反刑法的规定应当受到刑罚处罚的行为。应受刑罚处罚性说明了犯罪行为与其他违反社会秩序的行为在法律后果方面的区别，是对具有严重社会危害性和刑事违法性的行为的后果性评价。[①] 犯罪与刑罚之间的关系极为密切，两者相互依存，两者之间的关系可作如下理解：

一方面，判断一个行为是否是犯罪行为，必须判断其在刑法上是不是应当受到刑罚的处罚。一般来说，某种行为符合犯罪构成要件，成立犯罪的，就需要接受刑法法律后果的惩罚。对于应受刑罚处罚性不能简单地理解为必须受到刑罚的处罚，还存在虽然构成犯罪但是免予刑罚处罚的情形，以及进行非刑罚化处罚的状况。但是这些行为仍然是应当受到刑罚处罚的行为，应受刑罚处罚性的判断在成立犯罪时就已进行。

另一方面，应受刑罚处罚性是危害行为被评价为犯罪行为时的必备的法律条件，危害行为只有达到刑法上应受惩罚的标准才能认定为犯罪。如果危害行为没有达到应受惩罚的标准就不能在法律上认定为犯罪。因此应受刑罚处罚性在考虑行为是否入罪时是一个重要的衡量指标，或者说在研究入罪的标准时可以从是否应受刑罚处罚性角度切入。

---

① 参见屈学武主编《刑法总论》，社会科学文献出版社2004年版，第81页。

美国著名的刑法学家帕克教授,曾经在其著作中提出了行为应受刑罚处罚的六个标准。[1] 这些标准主要包括:(1) 行为在社会大多数人的认识里都是具有严重的社会危害性的,该行为也不具有任何特殊的意义;(2) 对该行为配置刑罚不违反刑罚设置的目的,有利于实现惩罚的目的;(3) 对该行为进行控制惩罚不会对人们的日常行为产生影响;(4) 对该行为的处罚应当是公正的,对同样行为的对待也应当是无差别的;(5) 该行为进入刑事裁判程序时,不会给刑事程序带来定罪或者定量方面的严重负担;(6) 该行为只能用刑罚制裁,不存在除刑罚外的其他措施来替代处理。哈特认为惩罚需具备五个要素:第一,必须包括痛苦及其他使人产生不愉快影响的内容;第二,所受惩罚的罪行是违背法律的;第三,惩罚是对犯罪人所犯罪行的非难;第四,犯罪人有犯意;第五,惩罚权是由法律规定的特定机构来行使的,是一种公权力。[2] 立法机构在决定某种危害行为是否为应当受到刑罚处罚的行为,即在决定某种危害行为是否需要配置刑罚,刑罚可否避免的问题时应遵循一定的原则。

(一) 谦抑性原则

谦抑性原则指将某种行为规定为犯罪行为必须是在没有其他可以替代刑罚的措施存在的条件下,即刑罚是必不可少的,最后的处罚措施。刑罚不能随意发动,必须是迫不得已的情况才可动用。刑法主要是通过设立禁止性义务来保护社会秩序的,这是刑法区别于其他法律的一个重要的特点,因此应当尽可能地将刑法涉及的行为控制在一个较小的范围之内。如果某种行为用侵权法或者民商法等其他部门法即可规制调整的情况下,那么动用刑法就是多余的。当某种行为被规定为犯罪行为,在给这种行为配置刑罚时,在相同效果的前提下,应当尽可能设置成本最小的刑罚,避免国家资源的不必要浪费。同时注意在追求效果和维护成本之间保持平衡,防止出现效果不足或者成本太高的结果。因此,追求刑罚的谦抑性原则既要求刑罚达到控制和预防犯罪的最大效果,也要求

---

[1] See Herbert Packer, *The Limits of the Criminal Sanction*, Stanford: Stanford University Press, 1968, p296.

[2] See H. L. A Hart, *Punishment and Responsibility*, Oxford: Clarendon Press, 1968, pp. 4-5.

尽量控制刑罚的成本资源。

在刑罚的规定方面表现为：如果对某种犯罪行为规定较轻的刑罚就可以达到刑罚的目的，那么就没有必要对其规定较重的刑罚；在规定刑罚时应考虑种类的多样性，既为较重犯罪行为规定较重的刑罚，也为较轻的犯罪行为规定较轻的刑罚，根据不同类型的犯罪行为确定不同类型的刑罚；对于已经确定的犯罪行为，如果适用较轻的刑罚即可达到刑罚的目的，那就排除较重刑罚的适用；根据不同的犯罪类型、犯罪人的特点决定不同的刑罚适用方法，对犯罪人一律适用严苛的刑罚方法是不科学的。

综上，刑罚规定的谦抑性原则要求：一方面，设定不同的刑种，在达到刑罚目的前提下给犯罪行为尽量规定较低成本的刑种，避免刑法资源的浪费；另一方面，给不同的刑种设置不同的刑罚执行方法，以实现刑法资源的最优化配置，避免效果不足或者资源浪费。这两方面相互依存，共同构成了刑罚的谦抑性原则的要求。

（二）人道性原则

西方启蒙主义思想家早在中世纪时就提出了刑罚的人道性要求，反对严刑峻罚，禁止残酷且不人道的刑罚的适用。现代社会基于保护人权的理念更应提倡刑罚的人道性原则。目前，国际社会也广泛认可了刑罚的人道性原则，1949年通过的《世界人权宣言》和1966年通过的《公民权利和政治权利国际公约》都提出明确禁止酷刑，之后1987年的《禁止酷刑和其他残忍、不人道或有侮辱人格的待遇或处罚公约》也进一步重申了刑罚的人道性原则。

在刑罚的规定中遵循人道性原则，主要表现为如下几方面：

第一，首先在刑罚的规定上禁止残酷的、暴虐的、不人道的刑种及刑罚的执行方法。从刑罚制度的历史演变进程来看，经历了从死刑到肉刑再到自由刑为中心的过程。在提倡法治、保障人权的当今社会，肉刑已被大多数国家的立法所排除。大多数国家建立的刑罚体系主要是以自由刑为中心，包括死刑、资格刑、财产刑等。目前争议比较大的是死刑是否符合人道性原则的要求问题，死刑是一种极端的刑种及刑罚方法，具有酷刑的很多特征。国际社会的发展趋势最终是要废除死刑的，欧洲大部分国家已经废除了死刑。就我国目前的国情分析，保证刑罚的人道性原则主要是严格限制死刑的适用。在 20 世纪中期，我国就制定了"坚持少杀、慎杀"的严格限制死刑的刑事政策。在 1997 年刑法修订前，死刑罪名共有 71 个，修订后的死刑罪名是 68 个，2011 年的《刑法修正案（八）》进一步减少了 13 个非暴力性犯罪的死刑，2015 年的《刑法修正案（九）》继续取消了九个非暴力性犯罪的死刑。一般认为，只有最严重的故意犯罪才可以适用死刑，适用死刑的罪名其所损害的法益应当与人的生命相当，应当考虑将不具有人身侵害性的罪名逐渐取消死刑的适用。

第二，刑罚的轻缓化。受传统的法家重刑主义思想的影响，我国刑罚的设置在一定程度上偏向重刑化方向，尤其是受过去严打的刑事政策之影响，刑罚的设置更是偏向重刑化。可以说，在特定阶段这种重刑化的走向起到了一定的社会效果，符合了政府打击犯罪的决心，但是从长远来看，重刑化走向不利于人权保障，并且违背了以人为本的理念。在人道主义原则的指导下，刑罚的设定应当尽量的轻缓化，其表明不仅要限制死刑的适用，也要对剥夺人身自由的长期自由刑进行严格的限制，同时适当扩大罚金刑和资格刑的适用范围，真正实现以自由刑为中心的刑罚结构的转变。

第三，尊重个体的差异，实现刑罚的人性化设置。即在遵守罪刑法定原则的前提下，充分考虑犯罪人的个体间差异，根据其犯罪前后的表现，年龄状况等个体特点，对于再犯可能性极小、主观恶性不大的犯罪人设置相对轻缓的刑罚，比如罚金刑或者短期自由刑缓期执行等。刑罚的人性化配置有利于帮助犯罪人重新融入社会，减少监禁刑带来的诸多弊端。但是，需要注意的是，不能不顾国家的发展阶段以及民众的情感而过于追求刑罚的轻缓化。刑罚的严厉程度与国家的经济发展水平、当前的国策及治国的理念等因素密切相关。比如在一个经济犯罪大量涌现的市场经济相对较发达的国家，那么对经济犯罪规定的刑罚一般较为严厉，其他种类犯罪的刑罚相对就较为宽缓。而在一个暴力犯罪大量出现而经济欠发达的国家，暴力犯罪的刑罚规定也会较重，因此刑罚的严厉程度与国家的发展水平息息相关。在一定程度上，宽严相济的刑事政策很好的兼顾了刑罚的轻轻重重，即对于轻微犯罪设定较为轻缓的刑罚，而对于严重犯罪特别是恐怖主义犯罪、有组织犯罪、跨国犯罪等设定较为严厉的刑罚。两者有效地结合有助于实现刑罚的最优化配置。

(三) 公正性原则

公正性原则要求同罪同罚,即同样的罪处以同样的刑罚,不同的罪其法律后果即刑罚也不相同。其要求是,严格按照罪行的严重性及犯罪人的人身危险性规定刑罚,达到轻罪轻罚,重罪重罚,罪刑均衡的效果。另外,不允许任何人在适用刑罚时有超越法律的特权,任何人都依照法律的规定平等地适用刑罚。公正性原则要求在规定刑罚时应做到如下两方面:

第一,在评价犯罪的过程中,应该将一切与犯罪有关的情节都考虑进来,做到罚当其罪、罪刑均衡,以防止重罪轻罚或者轻罪重罚。也即在为个罪设定刑罚时,将常见的可能影响刑罚轻重的因素考虑进来,将这些因素作为确定刑罚幅度的参数,比如我国刑法规定有法定的减轻或免除情节等。

第二,公正性原则还要求罪刑相当,即刑罚的设定应当与罪行的轻重相当,犯罪行为如果对最重要的法益构成侵害的应该给该行为设定最为严厉的刑罚,侵害次重要法益的犯罪行为应规定相对次严厉的刑罚,依次排列。并且根据情节的轻重给个罪设定不同的法定刑幅度,但是不能任意的设定刑种避免出现刑罚结构的不均衡。另外,在规定刑罚时,只要是在我国领域内犯罪的任何人包括外国人,都平等地依照我国刑法的规定适用刑罚。

第二节 刑罚的裁量权

一 刑罚裁量权的依据

(一) 法的规定

刑罚的裁量权一般在刑事诉讼过程中实现,而刑事诉讼需要解决的核心问题:首先是罪与非罪的问题,即被告人的行为构成犯罪还是不构成犯罪;然后是此罪与彼罪的问题,即被告人的行为到底构成哪种罪名;该种罪应处以多重的刑罚及是否可以免除刑事处罚。犯罪构成要件的四个方面的具体内容是判断行为是否构成犯罪的唯一标准,即犯罪客体、犯罪客观方面、犯罪主体和犯罪主观方面。在裁量刑罚之前，首先要根据类型化的构成要件将案件事实归类整理，从而来判断案件事实是否满足具体犯罪构成四要件的内容要求。在进行犯罪构成要件的判断时，犯罪的客体要件即犯罪行为侵害的何种法益又是判断的基础，因为刑法分则是按照犯罪行为侵害的法益类型来进行划分的。但是在侵害相同法益的情况下，个罪的罪名可能也是不相同的，因此按照具体个罪的犯罪构成要件进一步区分。例如，同是侵犯财产罪的抢劫、盗窃、诈骗和敲诈勒索，就需要根据具体罪名的特定构成要件判断，如果行为人当场使用了足以抑制对方反抗的暴力、胁迫或者其他强制方法，强行劫取公私财物的，就符合抢劫罪的构成要件；如果行为人是在被害人不知情的情况下秘密窃取公私财物的，就根据盗窃罪的构成要件整理案件事实；如果行为人采用隐瞒事实真相的做法，使被害人产生认识错误，基于错误认识从而自愿地将财物交付给行为人的，就符合诈骗罪的构成要件特征；如果行为人是通过对被害人实施威胁或者要挟的方法，对被害人实施精神上的强制，基于被害人的心理恐惧而取得财物的，就可以根据敲诈勒索罪的构成要件判断。

在判断案件事实符合具体犯罪构成诸要件之后，需要查看是否有影响量刑轻重的各种法定情节或者酌定情节等。根据我国刑法的规定，应当从重处罚的情况主要有：累犯；教唆不满 18 周岁的人犯罪；策动、胁迫、勾引、收买国家机关工作人员、武装部队人员、人民警察、民兵进行武装叛乱或者武装暴乱的；武装掩护走私的；伪造货币并出售或者运输伪造的货币的；奸淫不满十四周岁的幼女的；猥亵儿童的；非法拘禁他人或者以其他方法非法剥夺他人人身自由的，并具有殴打、侮辱情节的；国家机关工作人员犯诬告陷害罪的；司法工作人员滥用职权，非法搜查他人身体、住宅，或者非法侵入他人住宅的；刑讯逼供、暴力取证致人伤残、死亡的；冒充人民警察招摇撞骗的；引诱未成年人参加聚众淫乱活动的等等。

关于从轻、减轻或者免除处罚的规定主要有：已满十四周岁不满十八周岁的人犯罪，应当从轻或者减轻处罚；尚未完全丧失辨认或者控制自己行为能力的精神病人犯罪的，可以从轻或者减轻处罚；正当防卫明显超过必要限度造成重大损害的，应当减轻或者免除处罚；又聋又哑的人或者盲人犯罪，可以从轻、减轻或者免除处罚；紧急避险超过必要限度造成不应有的损害的，应当减轻或者免除处罚；对于预备犯，可以比照既遂犯从轻、减轻处罚或者免除处罚；对于未遂犯，可以比照既遂犯从轻或者减轻处罚；对于中止犯，没有造成损害的，应当免除处罚，造成损害的，应当减轻处罚；对于从犯，应当从轻、减轻处罚或者免除处罚；对于被胁迫参加犯罪的，应当按照他的犯罪情节减轻或者免除处罚；如果被教唆的人没有犯被教唆的罪，对于教唆犯，可以从轻或者减轻处罚；对自首的犯罪分子，可以从轻或者减轻处罚，其中犯罪较轻的，可以免除处罚；犯罪分子有立功表现的，可以从轻或者减轻处罚；有重大立功表现的，可以减轻或者免除处罚；犯罪后自首又有重大立功表现的，应当减轻或者免除处罚等等。除了法定的影响量刑轻重的情节外，法官在量刑时还会考虑一些酌定的情节，如犯罪人犯罪后的态度；犯罪的动机、手段；犯罪时的情境；犯罪分子的一贯表现等等。

当然，在刑事裁判过程中还必须遵守刑事诉讼法关于诉讼时效、回避、管辖、证据制度、强制措施等的规定，本书不作重点分析。另外，刑法条文中也有一些概括性的规定，比如：对以危险方法危害公共安全罪中的"其他危险方法"没有限定，很多数额犯的规定，量刑的可选幅度较大等等，这些又需要法官在裁判具体个案时进行价值判断。

（二）法官的价值判断

法官在进行价值判断时，不应以个人的主观性为基础，而应以现有的法律制度、法律原则为价值判断的基准。并且，所有的价值判断结果应该纳入刑事诉讼程序中，经过控辩双方的论证，从而被证明是合理客观的。一般来说，法官在进行价值判断时应以刑法的公正性、谦抑性原则为价值目标。根据具体的案件事实判断符合某罪的犯罪构成后，在罪与刑的构建过程中要达到罪刑均衡，做到罚当其罪。另外，必须保证判决的前后一致性，相同情况的案件在适用具体规范时要同样对待，体现出法律面前人人平等的精神。法官在分配罪与刑的过程其实就是在国家与个人之间进行利益分配的过程，既要保证社会秩序的稳定发展又要保障公民个人权益。最合理、有效的刑罚规制状态是：以最小的刑罚投入取得最大的预防和控制犯罪的效果。根据罪责刑相适应的原则，对行为人所判处的刑罚应该与行为人所犯的罪质、犯罪情节及行为人的人身危险性相适应。罪重刑重，罪轻刑轻，但是对于某种犯罪如果适用轻刑就可以达到惩罚和预防犯罪的效果，那么就没有必要对该罪处以重刑。法官的价值判断存在于案件事实与规范条文的对照过程中，不管是找法理解法的过程还是适用法的过程都会有价值判断的发生。下面试举几例：

1. 情节犯。我国刑法规定的犯罪构成要件要素中有很多情节恶劣、情节特别严重、后果特别严重等的规定，其目的是为了突显犯罪与一般违法行为在严重性程度上的差异。但是这些规定过于概括导致在司法实践中很难明确阐明到底什么样的情节就可以达到严重的标准。因此，在判断时就需要法官进行价值判断。

2. 刑法上的因果关系的认定。关于因果关系的争论，国外刑法理论主要的学说有：条件说、相当因果关系说、合法则的条件说、重要说、原因说等，即使是同一学说内也存在不同的观点。国内关于因果关系的理论有必然因果关系说和偶然因果关系说。由于人的认识能力的有限性，法官在裁判案件时不可能认识到所有的因果关系，因此在难以根据法条的规定判断具体案件的因果关系时，可以利用条件说来判断实行行为与结果之间是否存在因果关系。条件关系的公式是，没有前者行为就没有后者结果时，前者就是后者的条件。[①] 如果行为与结果之间不存在条件关系时，就可以否定两者之间存在因果关系。但是在许多案件里，由于有介入因素，就不能仅依据条件关系来判断因果关系，总体上来说，还要考虑几个方面的因素：行为人的实行行为在多大程度上导致了结果的发生；介入因素与结果发生的关系；介入因素与行为人的实行行为存在的关系。例如：某甲重伤了某乙，导致乙濒临死亡，某丙这时又对乙实施殴打，乙死亡，在这种情况下应该肯定甲的行为与乙的死亡之间存在因果关系，因为丙的介入行为只是使乙的死亡时间稍微提前，而没有中断因果关系的发生。

3. 过失犯罪中注意义务的认定。一般来说，过失是违反了注意义务，也即过失犯成立的关键是看行为人是否负有注意义务。但是这种注意义务的来源除了法律和规章制度等的明确规定外，争论的焦点集中在常理和习惯能不能成为这种注意义务的来源。肯定论者认为，法律法规

---

① 参见张明楷《刑法学》，法律出版社2016年版，第175页。

不可能事无巨细地对所有问题都作出相应的规定，特别是当今国际国内形势纷繁多变。日本的西原春夫教授就曾经指出，对于过失犯罪的注意义务在法律上进行完全类型化的规定是不现实的，法律毕竟是人制定的，有其自身的局限性，因此对于注意义务的认定还是要根据一般的常理及习惯等的社会规范。否定说者则认为，法律法规的规定应该是过失犯注意义务来源的唯一合法根据，如果将习惯等的不成文的社会规范作为过失犯注意义务的来源则违背了法律有明确性要求，也不利于对人权的保障。主张肯定说的学者占多数，但是否定说也不是毫无道理，不成文的社会规范过于模糊，违背罪刑法定的原则。因此，如果将习惯等社会规范作为认定过失犯作为义务的来源，必须对其加以明确的限制。日本的大塚仁教授认为，"过失犯的构成要件属于开放的构成要件。裁判官在决定认定注意义务的标准时，可以借鉴德国的做法，以社会生活中必要的注意为标准"。① 所谓社会生活中必要的注意是指以社会一般人的立场，并考虑行为人所处的特定的环境，考虑行为人应该实施怎样的行为，是否存在注意义务。因此，在这种情况下法官的价值判断是必不可少的。

二 影响刑罚裁量权的因素

（一）刑事政策

刑事政策是党和国家制定或认可并予以推广的运用刑事法律武器同犯罪作斗争的一系列方针、措施、政策、办法的总和。② 刑事政策是党和国家所制定的政治政策中的一个重要有机的组成部分，是国家的基本政策之一。我国的刑事政策虽然不是法律，但是刑事立法应该接受刑事政策的指导，体现刑事政策的精神，司法机关在具体运用刑法的过程中也应该以刑事政策为根据。

从建国后我国的刑事政策基本上经历了三个阶段：惩办与宽大相结合的刑事政策、严打的刑事政策、宽严相济的刑事政策。1956年中国共产党第八次代表大会正式确立了惩办与宽大相结合的刑事政策，报告

---

① ［日］大塚仁：《刑法概说（总论）》，冯军译，中国人民大学出版社2003年版，第200—202页。

② 参见蒋明《量刑情节研究》，中国方正出版社2004年版，第163—165页。

指出：对反革命分子和其他犯罪分子一贯地实行惩办与宽大相结合的刑事政策，凡是坦白的、悔过的、立功的，一律给予宽大的处理。这一刑事政策直接影响了 1979 年刑法的制定过程，并成为了刑事立法政策。依照惩办与宽大相结合的政策被明确写进 1979 年刑法的第 1 条规定①中，这说明了在刑法的制定过程中该刑事政策发挥了重要的作用。在随后的刑事司法活动中，惩办与宽大的刑事政策也发挥着指导作用，即也作为基本的刑事司法政策发挥着重要的作用。

严打的刑事政策在刑事立法上的体现有《关于严惩严重危害社会治安的犯罪分子的决定》《关于迅速审判严重危害社会治安的犯罪分子的程序的决定》，为严打的刑事政策提供了法律依据。严打的刑事政策也体现在此后颁布的多部单行刑事法律之中，为该刑事政策指导刑事法律的适用提供了法律基础。虽然严打的刑事政策在维护社会治安方面取得了一些巨大的社会效果，但是，同时也存在一些很明显的问题。重刑的使用过多造成了刑罚资源的严重浪费，刑罚的威慑力效果减弱，公众对重刑越来越麻木。

针对这些问题，政府领导层及学者们开始反思严打刑事政策的弊端，提出了"宽严相济"的刑事政策。宽严相济的刑事政策包括宽和严两个方面的内容：其中的宽是指扩大非监禁刑的适用、削减最严厉刑种的适用范围、对未成年人犯罪进行灵活处理、调整部分刑种的刑期幅度、行刑社会化等；严是指对严重的犯罪保留严厉的刑种，但是要严格限制严厉刑种的适用范围，以体现刑事法网的严密。宽严相济的刑事政策并不表示不分轻重，不分主次的齐头并进。其中的宽和严是矛盾的两个方面，根据社会治安发展的需求，分别处于不同的地位。总的来说，宽严相济的刑事政策要求根据不同的社会发展需要进行区别对待，当严则严，该宽则宽，将宽和严相结合以达到最好的社会治理效果。但是，事实证明，我们在司法实践当中忽视了宽的要义而过于强调了严的要求，没有很好地将宽和严结合起来。

---

① 1979 年《刑法》第 1 条规定：中华人民共和国刑法，以马克思列宁主义、毛泽东思想为指针，以宪法为根据，依照惩办与宽大相结合的政策，结合我国各族人民实行无产阶级领导的、工农联盟为基础的人民民主专政即无产阶级专政和进行社会主义革命、社会主义建设的具体经验及实际情况制定。

刑事政策的流变并不是偶然的,而是与社会变迁紧密相连的,也是服务于国家政治发展的重要工具。惩办与宽大相结合的刑事政策是在中华人民共和国成立初期,敌对势力还存在的历史条件下被确立的。当时刑事政策是社会控制的主要手段,因为在中华人民共和国成立后长达30年的时间里我国没有制定刑法典,可以说惩办与宽大相结合的刑事政策在刑法典制定前的相当长的时期内发挥着重要的作用。直到20世纪70年代末期,伴随着大规模的政治运动的结束,我国的经济发展进入了一个全新的时期,同时法制也被提上了议程。在这种历史背景下,惩办与宽大相结合的刑事政策成为刑法制定的根据而被载入刑法。

随着社会转型时期犯罪种类及数量的攀升,严打的刑事政策应运而生,在不同时期的不同社会发展阶段,我国先后开展了三次大规模的严打活动。打击的重点是流氓、盗窃、毒品犯罪、绑架、拐卖人口、组织反动会道门、传授犯罪方法、爆炸、抢劫、杀人、强迫妇女卖淫罪、强奸等严重危害社会秩序的犯罪及黑社会性质的犯罪和流氓恶势力的严重刑事犯罪。严打的刑事政策经过实施多年,其弊病彰显,对所有的犯罪不加区别地一概进行严厉打击,进一步加剧了社会矛盾,也与新世纪中国政府的执政理念发生冲突。因此,在这样的时代背景下,与建设和谐社会的要求相一致,出台了宽严相济的刑事政策。从刑事政策的调整可以看出,刑事政策的每一次变动与社会的变化发展及犯罪趋势有密切的关系。

刑事政策通过刑法化对刑罚的裁量过程产生影响,这种影响表现在两个方面:一方面,刑事政策通过影响刑事立法来实现刑法化;另一方面,刑事政策通过指导具体的司法实践过程以实现刑法化。

1. 刑事政策对刑事立法的影响。首先,刑事政策指导刑事立法选定罪与非罪的范围,决定刑事法网的宽窄与疏密。不同时期制定的刑事政策对犯罪的圈定范围不相同,不同国家的刑事政策影响下制定出来的刑法也各不相同。比如,日本的《轻犯罪法》中规定的很多犯罪行为在我国只是一般的违法行为,不构成犯罪,因为我国的犯罪设定要求中不仅有质的规定还有量的限定,而日本的犯罪设定中仅有质的要求。在圈定罪的范围之后,刑事政策对犯罪构成的四要件内容也产生影响:刑事政策指导刑法选定要保护的社会关系的范围与程度,即哪些社会关系受到何种程度的侵害才需要纳入刑法的保护范围，这是对犯罪客体产生的影响；对犯罪客观方面的影响，刑罚惩罚的是危害社会的犯罪行为，单纯的思想犯不构成犯罪。受具体刑事政策的影响，对于各类犯罪行为的具体行为特征的规定也不完全相同，比如有行为犯、结果犯、危险犯等规定；刑事政策直接影响犯罪主体范围的划定，比如刑法对老年人犯罪及未成年人犯罪的规定、对精神病人及相对刑事责任年龄的规定，一定程度上都体现了惩办与宽大在相结合的刑事政策；我国刑法规定行为构成犯罪必须要求行为人具有主观罪过，即故意与过失，刑法在设定具体犯罪的主观方面要件时也受到具体的刑事政策的影响。

其次，刑事政策影响刑罚的配置。我国刑罚体系的设置有主刑和附加刑，主刑刑种由重到轻依次是：死刑、无期徒刑、有期徒刑、拘役、管制，附加刑有：罚金、剥夺政治权利、没收财产。刑罚的执行过程中有缓刑、减刑、假释制度。该种刑罚体系的设置和惩办与宽大相结合的刑事政策相一致，对于严重的犯罪采取严厉的刑事政策，对于轻微的犯罪则宽大处理，将严厉的刑罚与轻缓的刑罚相结合。另外，刑事政策对具体刑种的配置也会产生影响，比如为贯彻严格限制死刑的政策：刑法修正案（八）和（九）就相继减少了13种和9种犯罪的死刑；对于经济犯罪尽可能少配置死刑，多配置财产刑；对于严重的暴力犯罪配置生命刑、自由刑等。

2. 刑事政策对刑事司法实践的影响。虽然刑事裁判的过程以刑法及刑事诉讼法为根据，但是不同时期的具体刑事政策也会影响司法裁判的过程。具体的刑事政策指导司法人员如何具体应用好刑法及刑事诉讼法的规定，以达到最佳的预防和惩罚犯罪的社会效果。随着社会经济的迅速发展，刑事政策会重点对某一类或者某几类犯罪的严厉程度进行评价，而该评价会直接影响刑事司法对该类或该几类犯罪裁决的轻重。比如，针对严重暴力犯罪及盗窃等多发性犯罪展开的第三次严打，司法部门即以上述案件为重点依法从快从严处理；针对飙车行为、醉酒驾车行为严重，国家与社会对打击该类行为的决心，《刑法修正案（八）》增设了危险驾驶罪，司法部门相应地也注重对该类案件的裁判。

另外，刑事政策对量刑产生的影响主要有：是免予刑罚处罚还是施加刑罚处罚以及刑种的选择和刑罚的轻重等。例如，在严打的刑事政策指导下，特定的犯罪即使情节不太严重，也会施加刑罚处罚；在轻缓的刑事政策影响下，对于轻微犯罪可能会采取非刑罚的处罚方法；在严格限制死刑的政策引导下，对于可杀可不杀的犯罪人，一般会采取不杀的态度。但是，值得注意的是刑事政策对刑罚所产生的影响都是在刑法的规定范围之内的合理的调整，不是任意、随性的。

（二）社会舆论

随着科技的迅猛发展、互联网的普遍使用及经济社会的进步，公民的权利意识日益增强，我国目前已经进入了一个社会舆论高涨的新时代。社会舆论也即公众舆论、民意等，是指多数人对社会生活中有争议的事件发表的有一定倾向的议论、意见及看法。[①] 社会舆论对刑罚裁量过程的影响主要有，容易使法官在案件事实认定及定罪方面出现反复。例如，曾经备受关注的湖北邓玉娇案，起先邓玉娇涉嫌故意杀人被刑事拘留，该案立即引起了社会各界的关注，警方在先后发布的通告中也将某些影响案件定性的词语修改，最后法院作出的一审判决认定邓玉娇的行为属于防卫过当，对其免除处罚。社会舆论作为社会群众对政府行为及公共问题发表的看法和意见，法官作为中立一方也必须听取。因为，法官如果完全弃群众的舆论于不顾，可能会加剧社会的矛盾，法院可以通过舆论来了解群众的意见，从而决定具体案件中利益的平衡，以使判决大体上与人们的认识相一致，法律最终是服务于人民大众的。但是，从客观上讲，社会舆论是一把双刃剑，有其积极的一面也有其消极的一面，我们应当辩证地对待。计算机技术和互联网的普及使得网络媒体对于社会舆论的传播发挥着越来越重要的作用。从积极方面看，互联网的发展为社会舆论的充分表达提供了一个便捷的途径，公民可以迅速地表达自己对某些公共事件的看法，有利于监督公权力机关合理地行使权力，也有利于了解某些案件的事实真相。从消极方面来看，少数人恶意利用群众的同情心，混淆人们的视听，使社会公众在对真实情况缺乏全面了解的情况下就发表激愤的言论。因此，应对社会舆论进行甄别，用理性的思考代替情绪化的考量，防止被不正确的舆论所误导，导致出现舆论杀人、媒体杀人的现象。

---

① 参见《中国大百科全书·法律卷》，中国大百科全书出版社1991年版，第348—350页。

(三) 道德因素的影响

关于法律与道德关系的讨论一直存在,而刑法的适用本身就是一个惩恶扬善的过程,刑法本身包含了最低限度的道德,大多数道德观念也类似于刑法评价行为的标准。刑法如果不以道德为基础,那么就成为恶法,人们不会自觉去遵守。另外,道德也进一步保障了刑法得以较好的适用,人们良好的道德修养是适用刑法的现实基础,也有利于维护和谐的社会秩序。道德因素对刑罚裁量过程产生的影响主要表现为以下几方面:

1. 法官在认定行为是否构成犯罪及构成何种犯罪的过程中都会不同程度地受到自身道德因素的影响。即对行为是否符合"良心"、是否符合常理常情进行判断。陈忠林教授认为,良心就是民众所共同认可的常识、常理、常情在一个人心中的反映,因为它是人民意志的最大体现,又是现代法治的灵魂,即现代法治归根结底应该是人性之治,良心之治,而绝不是单纯的规则之治。① 那么,法官如何在具体案件中判断行为是否符合常识常理及如何运用好罪刑法定的原则需要结合具体案件具体分析。比如,曾经发生的"天价葡萄案"。②

> 2003年8月7日,北京海淀区香山派出所的民警巡逻至香山门头村幼儿园门前时,发现有4名男子抬着一个可疑的编织袋。盘查后,警方获悉,该4名男子编织袋中为其偷来的47斤科研用葡萄。这是北京农林科学院林业果树研究所葡萄研究园投资40万元、历经10年培育研制的科研新品种。4位民工的馋嘴之举令其中的20余株试验链中断,损失无法估量。后北京市物价局价格认证中心对被偷的葡萄进行估价,被偷葡萄的直接经济损失为1.122万元。同年9月12日,海淀警方以涉嫌盗窃罪对其中三名嫌疑人执行逮捕。同年12月底,海淀区检察院将天价葡萄案退回公安机关补充侦查。2004年1月,经有关部门重新评估,得出涉案葡萄价格仅376元,同年2月三名涉案嫌疑人被保释出狱。2005年,三名嫌疑人陆续

---

① 参见陈忠林《刑法散文集》,法律出版社2003年版,第36—38页。
② 《"天价葡萄案"尘埃难定》,新浪网(http://news.sina.com.cn/c/2004-01-15/11271595792s.shtml)。

接到了检方的决定不起诉书。

从该案的案情来看并不复杂，但是为什么在案件发生后长达一年多的时间里，经过具体承办案件的人员以及专家学者们的讨论后，该案件还是难以定性，就是因为本案不仅仅牵涉法律问题，还有道德问题牵涉其中。

首先，从法律的规定来分析，盗窃罪要求行为人以非法占有为目的，明知是他人的财物而秘密窃取，但不要求对所盗之物的价值有所认识。因此，本案中行为人的行为完全符合盗窃罪的特征。

其次，盗窃罪有数额的规定，要求达到一定的量的规定才构成犯罪。北京市物价局开始对葡萄的定价是11220元，是将农作物施肥的价格，水电费的价格以及科研人员的劳动都计算在内的价格。如果按照这个数额定罪，属于盗窃数额巨大，本案的三名嫌疑人可能被判处三到十年的有期徒刑。

最后，从常理常情的角度分析，如果本案这样定罪，显然难以得到一般群众心理上的认同。从一般的社会道德角度来看，行为人的行为属于一种小偷小摸的行为，根本不知道自己偷吃的竟是天价葡萄。如果按盗窃数额巨大给行为人定罪处刑，不仅行为人无法接受，就包括媒体及公众也无法理解，也容易让人质疑刑法保障人权的切实性与公正性。在这里法律的刚性规定与道德的情感发生碰撞，法律的力量不是无限的，而道德的作用却是无限的。几个月后，市物价局对涉案葡萄的价格进行再次评估，价格为376元，本案的嫌疑人也被作出不起诉的处理决定。

2. 法官在决定适用何种刑罚时也会受到道德因素的影响。刑罚的人道性要求：法官在决定对犯罪人适用刑罚时，应当将犯罪人作为独立的人格来对待，维护其人格尊严；不能以犯罪人为手段来达到刑罚的威慑效果，犯罪人是因为其自身的犯罪行为而受到刑罚惩罚；禁止使用残酷而不人道的刑罚；犯罪人只因自身的犯罪行为而受到惩罚即不能使无辜者受到刑事追究。法官在具体案件的裁决过程中，一般会将行为人的道德因素作为量刑的酌定情节来考察，比如：丰台区法院在处理王长国故意伤害案中采用了区司法所提交的《关于对王长国本人表现的调查报告》，该调查报告被法庭采纳并纳入到量刑参考中也写进了判决书。丰台区法院在量刑时采纳行为人的社会道德调查情况报告,该做法在全国法院系统属首例。有学者提出了,如果该案中区司法所出具的调查报告是反映被告人一贯表现不好的内容,那么法官又该如何裁决本案。因此,道德因素到底会在多大范围内影响具体案件的裁决以及如何处理罪刑相适应的原则与道德因素的关系问题,仍是一个亟须解决的问题。

(四) 被害人的影响

被害人是刑事诉讼中的主要诉讼主体之一,其对刑罚的裁量过程当然会产生不同程度的影响,本部分主要阐述在刑罚的裁量过程中被害人的过错及对被害人的赔偿对适用刑罚所产生的影响。

1. 被害人的过错。法官在裁量案件的过程中应该考虑被害人的过错这个因素,被害人的过错是指由于被害人的故意或者过失而实施的作为或者不作为,由此引发行为人的犯罪决意或者加重犯罪人的犯罪程度,从而对行为人的刑事责任产生直接影响的行为。在被害人有过错的案件当中,犯罪人与被害人对犯罪行为的发生都有责任,犯罪人的责任可以相应地减轻,其所应受到的处罚也相应地减轻。最高人民法院针对被害人有过错的刑事案件也作出了相应的规定,在2007年颁布的《关于为构建社会主义和谐社会提供司法保障的若干意见》中明确指出:"对于因婚姻家庭、邻里纠纷等民间矛盾激化引发的案件,因被害方的过错行为引发的案件,案发后真诚悔罪并积极赔偿被害人损失的案件,应慎用死刑立即执行。"最高人民法院在2010年10月颁布的《人民法院量刑指导意见(试行)》第26条第1项规定:"被害人有重大过错的,对被告人轻处30%;有一般过错的,轻处10%。"在司法实践当中,由于被害人的过错而减轻故意杀人案件的犯罪人的刑罚的也时有发生。因此,被害人的过错对于法官在具体案件的裁量过程中会产生重要的影响,由于考虑被害人的过错而导致的同罪异罚的现象是正当合法的。

2. 对被害人的经济赔偿。最高人民法院在2010年3月颁布的《关于常见犯罪的量刑推导意见》中指出:"对于积极赔偿被害人经济损失并取得谅解的,综合考虑犯罪性质、赔偿数额、赔偿能力以及认罪、悔罪程度等情况,可以减少基准刑的40%以下;积极赔偿但没有取得谅解的，可以减少基准刑的30%以下。"该规定明确了被告人对被害人的赔偿及其对刑罚适用的影响。对被害人的经济赔偿往往会成为对被告人适用刑罚过程中的考虑因素，在日本，法官在决定对轻微案件的处理与起诉，及作出判决或者决定对罪犯实行假释的过程中，都会将被告人对被害人的赔偿作为重要的考量因素。具体如下：

首先，日本的刑事法庭没有权力命令被告人赔偿被害人的损失，不管是作为刑事处罚还是民事判决。① 虽然刑事诉讼法中这样的规定不利于被害人的恢复，但是刑事司法官员在作出每一个判决时会将被告人是否已赔偿被害人的损失作为考量的因素，这在一定程度上促使了被告人赔偿被害人所受到的损失。比如，警察在实际上被地区检察官总长授权可以撤销某些轻微的刑事案件，在这些案件里警察不仅可以给行为人以警告，而且可以要求他们恢复被害人遭受的损失或者向被害人道歉。另外，被害人的满意度也是警察作出决定时需要参考的一个重要因素。检察官在决定是否起诉嫌疑人时有很大的自由裁量权。

刑事诉讼法采用了自由起诉的原则，规定在考虑了嫌疑人的性格，年龄及其所处的情况，犯罪的严重性及所犯罪行的加重和减轻情节，和犯罪后的表现，如果认为没有必要起诉的可以作出不起诉的决定。检察官在制作起诉书时，可以将被告人对被害人的赔偿或者被告人与被害人的和解作为被告人犯罪后的一个表现来考量。在实践中，检察官偶尔也会强烈要求嫌疑人向被害人支付赔偿金或者与被害人和解。在被告人已向被害人支付赔偿金或者已与被害人达成和解协议的情况下，如果不是严重的刑事案件，检察官可以通过不起诉的方式撤销案件。但是，这种做法完全不同于北美实行的犯罪人被害人调解或者犯罪人被害人和解，从这个意义上说，区别在于不管是检察官还是促进调解的人都不参与调解本身，因为被告人与被害人的调解人及其调解协议完全是独立于程序之外的，由双方自己决定。检察官也不受调解协议的约束。然而，不可否认的是，这种实践往往会促使被告人向被害人支付赔偿金。

其次，被告人对被害人的赔偿或者被告人与被害人的和解在判决时

---

① 参见［日］高井康行・番敦子・山本剛『犯罪被害者保護法解説（2版）』，日本三省堂2008年版。

被作为一个减轻情节来考虑，被告人可能会因此获得较轻的判决。[①] 尤其是在相对较轻微的案件中，赔偿金的支付或者和解是在决定是否缓刑时的重要因素。相应地，被告人的辩护律师尤其希望与被害人在法庭外达成和解协议，以获得相对较轻的判决，在这种情况下，99.9%的刑事审判会作出有罪宣告的判决。但是，即使被告人和被害人在法庭外达成了调解协议，调解协议本身对被告人也没有法律约束力。实际上，一些被告人在获得较轻的判决或者缓刑决定后不遵守和解协议的约定。在这种情况下，被害人可以提起民事诉讼，但是这会增加被害人的经济和精神负担。

为了避免出现这样的问题，2002年颁布的《刑事被害人保护条例》引入了一个新的程序，如果被告人和被害人就审理的刑事案件达成了民事协议，双方都可以要求刑事法庭推迟对案件的审判，并要求在审判记录中增加协议的内容。审判记录中记载的内容与当庭达成的和解具有同样的效力，因此，如果被告人不遵守协议的约定，被害人可以要求强制执行协议的内容而不需要提起民事诉讼。根据这个规定，被告人和被害人必须一起向一审刑事法庭或者上诉法庭申请。不仅被害人自己，而且其家庭成员（配偶，直系亲属及兄弟姐妹）都有权利申请，同时被告人及给被告人承担保证责任的人或者承担共同责任的人也可以提出申请。

一些评论者将这个程序认为是刑事调解。这个程序的运行并不是没有规则的，但是必须注意的是这个程序完全不同于建立在恢复性司法之上的被告人被害人和解或者被告人被害人调解。在这个程序里，法官和司法工作人员都不参与被告人与被害人的调解，这完全取决于双方的决定。法庭也不会向当事人双方推荐调解，也不会检查调解协议的内容。然而，这个程序在日本的刑事司法系统里是独一无二的，因为这种类型的程序被认为是和民事责任与刑事责任相区别的原则发生冲突的，根据

---

① 参见『犯罪被害者等の権利利益の保護を図るための刑事訴訟法の一部を改正する法律』，2007年，这部改正法的内容包括：在刑事诉讼法中创设被害者参加制度，关于被害者等的信息保护制度；在民事诉讼法中新设证人的陪同制度及掩避制度；在犯罪被害者保护法中扩充可以阅览和复印庭审记录的对象以及创设了损害赔偿命令制度。并且规定了各部分的生效时间。

日本法的解释原则。据报道，自从法令颁布以来，实践中一些被害人运用了这个程序。

再次，对罪犯决定假释时，地方更生保护委员会①，在接到监狱长的申请后或者依据职权检查案件同时考虑与犯人会面的情况及矫正报告和环境调整的报告。如果犯人已经被执行有期宣告刑的三分之一的刑期或者被宣告无期徒刑的已执行十年刑期，并且如果犯人有悔罪表现的，地方更生保护委员会可以决定犯人假释。在评估犯人的悔罪表现时，地方更生保护委员会考虑以下标准：（1）犯人是否表示悔罪；（2）犯人是否表示愿意改正；（3）有无再犯的危险；（4）对罪犯的假释是否会得到公众的认同。被害人的情感及犯人对被害人损失的赔偿被作为公众认同或者犯人悔罪的一个表现来考虑。但是，实际上，许多犯人被假释时并没有考虑是否已赔偿了被害人的损失。

被假释人在保护观察员和保护司的社会监督下执行剩余的刑期。被假释人应该主动遵守如下规定，居住在指定住所，遵守法定传唤期，从事合法的行为，不与犯罪分子及有不良行为倾向的人接触，在变更住址及长时间外出旅游时应该提前征求保护观察员的同意。另外，各个地方的更生保护委员会根据不同的情况分别制定了内容各不相同的特殊规定。许多研究者认为犯罪人对被害人损失的赔偿不能被作为假释的条件提出来，因为这样的条件对刚从监狱假释出来的人来说很难遵守，不能遵守就可能导致假释的撤回。一些研究者也提出将民刑区分的原则作为理由，但另一些人指出对被假释者的假释期间太短，导致他们在这么短的期间内不能支付赔偿金。因此，实际上，一些被假释者被施加了特殊的条件，在最大程度上尽力赔偿其给被害人造成的损失。

实际上，苛刻的假释条件可能会妨碍被假释人的修复。但是被假释人的修复和对被害人的赔偿并不总是冲突的，事实上，有些犯罪人想为被害人做些事情，但是不知道该做什么。在实践中，当一些被假释人自愿表示支付给被害人抚恤金时，保护观察员或者保护司会作必要的安排。既使是在造成被害人死亡的案件中，如果被害人遗族拒绝接受犯罪人的抚恤金，保护观察员经常会建议他们将钱捐赠给埋葬被害人的寺庙

---

① 参见日本2007年《更生保護法》。第33—40条。

以给他们举行定期的纪念仪式。总之，重要的是保护观察员在平衡犯罪人的再社会化和对被害人损失的赔偿后给被假释人提供细心的引导。

一些保护观察员仍然反对在假释的过程中考虑被害人或与被害人相关的事情，主要是因为这与他们的初始工作目的——犯罪人的处遇相冲突。当然，这种与被害人相关的假释考察可能对许多保护观察员或者保护司来说都是一项崭新的尝试。然而，保护观察员应该注意被害人的感受或者犯罪人对被害人损失的赔偿。因为，从真正意义上来说，犯罪人如果不真诚的对被害人悔罪，就说明犯罪人没有得到修复。

第三节 刑罚的执行权

一 刑罚执行中存在的问题

（一）立法单一

刑罚的执行是刑事司法活动的重要组成部分，其关涉着剥夺或者限制犯罪人的自由乃至生命，因此需要有明确的相关立法来对具体的执行制度作出详细的规定，为更好地落实刑罚的执行工作提供制度上的保障。但是，我国目前在刑罚执行方面的立法比较单一和分散，主要有如下表现：缺乏一部统一的刑事执行法。《中华人民共和国监狱法》是我国现有的刑罚执行方面的唯一法律，其只是规定调整部分的刑罚执行工作。从整个刑事司法系统的组成来看，还缺乏一部统一的刑事执行法来规范全面的刑罚执行工作，现有的一部分内容被分散规定在刑事诉讼法、刑法、监狱法等法律中。还有一部分内容处于缺失状态，有些实体性内容被具体规定在刑法之中，但是缺乏与之配套的执行程序，比如，刑法中有规定非刑罚的处罚方法，但是对于具体如何采用这种方法的程序却没有相应的规定。另外，社区矫正已被《刑法修正案（八）》规定为正式的刑罚执行方式，但是还缺乏专门的社区矫正方面的立法来具体在实践中更好地贯彻执行。

（二）执行方式失衡

从目前我国的法律体系中对于刑罚执行的具体规定及刑罚执行的具体实践来看，主要存在着以下问题：监禁刑是主要的刑罚执行方式，对于执行监禁刑的费用、设施、具体工作等都在刑罚的执行中居于支配性的地位；相比而言，非监禁刑的发展相对滞后，无论是在具体的法律制度规定上还是在相应的配套程序上（比如执行人员、设施、经费等）都表现出了明显的不足。对比其他国家的刑罚执行方式，仍有改善的空间。

在日本，监狱劳役中判处惩役的人占99%，被判处禁锢的人根据自己的要求也可以参加劳动，一般情况下只有老年和生病的监狱犯人不参加劳动，其他犯人均参加劳动。① 参加劳动的犯人会给付少量的报酬，日本没有规定犯人劳动的报酬制度，因为监狱劳役作为犯罪行为的处罚是一种义务。一些评论者从基本人权和促进犯人再社会化的立场认为应该为监狱劳役建立薪酬制度。也有一些犯罪学家从恢复被害人损失的角度认为有必要建立监狱劳役薪酬制度。但是，如果这种薪酬制度建立起来了就意味着刑法必须修改，取消惩役刑，这将是个很困难的举措。监狱矫治的目的是为了促进犯人的修复，主要的方法是教育和劳动技能的训练，有专家提出应该将犯人对被害人的悔悟及积极的赔偿与教育和劳动技能的训练并重，这样更利于促进服刑人员的修复。

在日本的刑罚执行过程中实行环境调整及被害人的情感调查制度。在犯罪人进监狱服刑后，监管警员对服刑人员的个人资料制作报告书，包括身体和精神状况，生活经历，犯罪历史，给犯人释放提供保证的保证人情况，释放后的生活计划以及被害人的状况。这个报告书不仅用做治疗犯人还可以提交给保护观察所用作假释后保护监督的参考。保护观察员或者保护司在接到这个报告后，将会开始对犯人释放后生活的家庭环境及社区环境进行周期性调查，并为了犯人能够更好地改造作必要的调整。这个过程被认为是环境调整。在这个过程中，保护观察员，间或保护司调查犯人对被害人的赔偿情况及被害人的满意度。调查所形成的报告不仅会反馈回监狱而且会被送到地方更生保护委员会。而且，地方更生保护委员会的保护观察员会在假释听证会之前针对被害人的情感问题进行一个特别的调查，尤其是在杀人案件，身体伤害致死案件，职务过失导致的死亡或者伤害案件和严重的财产犯罪案件中。然而，环境

---

① 参见［日］高井康行・番敦子・山本剛『犯罪被害者保護法解説（2版）』，日本三省堂2008年版。

调整及被害人情感调查的结果主要被用作假释申请和听证及犯人被假释后的保护观察的参考，而不被用作对被害人支援的参考。矫正官应该利用被害人的信息为上述易受伤害的被害人服务。

在美国，最近的社会科学研究支持这样的观点：罪犯是否适合对其所判处的惩罚，从刑罚的总体功利主义影响来看，通过增加罚金或者刑期来提升惩罚的严重性所起到的效果没有预期的好。① 对照个人被逮捕和犯罪前的幸福感来看，在某些方面，与进监狱前的生活相比，出监狱后的生活与在监狱中生活具有更大的相似性。国家通过调整刑期的长短或者罚金的数额为犯罪创制刑罚的原因是高额的罚金和较长的刑期所产生的负面影响大于数额较低的罚金和较短的刑期。实证报应主义也强调被告人的可责性，但是标准不同，道义论报应主义利用哲学原理得出犯罪应受的惩罚，实证报应主义通过对行为的研究得出社会对应受惩罚和可责性的标准。② 在报复性应受惩罚的情况下，可以通过解释刑罚的适用与惩罚所产生的实际伤害的关系来说明。

该方法将关于人类幸福感的行为心理学研究中的新发现应用于法律领域里的一些重要问题的分析。当一个国家决定如何惩罚犯罪人时，至少一个重要的考虑因素是所施加的惩罚会产生多大程度的痛。③ 比如对不严重的犯罪行为施加较重的刑罚或者所施加的伤害达到残忍的程度，都是不合理的。现行的刑罚体系主要通过调整罚金的数额及刑期的长度来达到罪刑相适应，但是关于人们适应性的新发现动摇了现行体系所依赖的根基。尤其是，人们很好地适应了财富减少的消极变化，甚至适应了监狱生活的许多特点，而相反地，不能适应出监狱后的生活，比如失业，疾病，社会关系的丧失。其结果是，调整罚金的数额或者刑期的长度不能相应地改变刑罚所施加的痛苦程度。两种差别很大的刑罚不会必然导致各自的被告人感受到不同的痛苦，这个结果与报应主义和功利主

---

① See Adam Kolber, *The Subjective Experience of Punishment*, 109 Colum L Rev 182, 196 (2009).

② See Daniel Kahneman, Ed Diener, and Norbert Schwarz, Preface, in Daniel Kahneman, Ed Diener, and Norbert Schwarz, eds, *Well-being: The Foundations of Hedonic Psychology* ix, Russell Sage, 1999.

③ See John Bronsteen, Christopher Buccafusco, and Jonathan Masur, *Hedonic Adaptation and the Settlement of Civil Lawsuits*, 108 Colum L Rev 1516, 1536–38 (2008).

义的刑罚观都有关系，也与刑事司法实践相关联。关于被告人的适应性所提出的研究刑罚的新方法也有必要符合比例性原则。

对犯罪分子施加惩罚意味着施加痛苦，但对所施加痛苦的类型及程度应该有个合法性的限度，因此有必要了解受到刑罚处罚的人实际上遭受的痛苦。在多大程度上罚金及监禁影响着人们的幸福感。答案看上去可能是明显的，但是正如我们在解决民事纠纷中所表示的，最近行为心理学的实证研究所得出的证明是相反的。实证研究显示货币罚款对人们产生的影响很小，金钱的减少最初会使人们的幸福感减少，但是这种状况很快会反弹。即使是很大笔的罚款也可能只对罚款人的幸福感产生很小的影响，因为人们很容易适应新的财务状况。人们的适应性很大程度上减少了罚款的惩罚性效果。

监禁对幸福感的影响更为复杂。一个值得注意的情况是，人们适应了监狱中的生活。一开始进入监狱时幸福感下降并保持低谷状态，但是当他们适应新环境时，这种感觉开始上升。另一种情况，事实上监禁刑的任何阶段，不管多短的刑期，其结果都会影响犯罪人的生活，因为他们抵制适应监狱的生活，甚至是在被释放之后。服刑人员经常遭到配偶或者朋友的离弃，很难找到工作，也可能在服刑期间感染不可治愈的疾病。因此，服刑的时间本身可能并不是很难以忍受的，但是服刑期间产生的影响却可能是无期限的存在着并减少了他们的幸福感。

这些结论区别于根据刑罚政策及哲学思想所推断出的刑罚的普遍效果。所有关于惩罚的解释都关注比例性原则：越严重的犯罪惩罚越重，或者是为了达到更大的威慑力的目的，或者是报复犯罪人的不法行为，或者传达社会的谴责，或者是几种目的的结合。[1] 但是，由于人们对各种困难环境的不同的适应能力，现行的刑罚政策的迟钝性导致不能达到罪刑相适应的目的。

调整罚金的数量或者刑期的长短不能相应地调整刑罚给犯罪人带来的痛苦。犯罪人使自己适应在监狱中生活或者愿意支付更多的罚款。出现的结果是，数量不同的罚金仅仅给犯罪人带来短暂的伤害。另一方面，监禁刑的刑期不论长短，如果引起了失业，疾病，社会关系的脱

---

[1] Timothy D. Wilson, et al, *Focalism: A Source of Durability Bias in Affective Forecasting*, 78 J Personality & Soc Psych 821, 833 (2000).

离，都会产生大的持续性的伤害。但是较长刑期和较短刑期所带来的痛苦的差别比推断的更小，服刑的开始会产生很严重的伤害，服刑后遭受持续的伤害。这些事实使得在既有的刑罚结构里，更难准确把握罪刑相适应原则。犯罪人不同的适应性除了破坏了比例性刑罚的原则之外，还有其他重要的影响。削弱了罚金刑产生的痛苦但没有削弱罚金刑防止犯罪的能力，因为试图犯罪的人会错误地认为较大数额的罚金会从实质上降低其生活的幸福感。① 监禁刑也同样，但是这种现象产生相反的目的，出现的事实是犯罪人服刑后的生活比许多理论学家，立法者们预想的更差。在刑罚体系的设计上，学者们和政策的制定者们需要解释在多大程度上刑罚机制应该反映刑罚的实效。这对功利主义和报应主义都适用。该研究的目的是利用最近心理学的研究成果来更准确地阐述刑罚的效果。

  刑事惩罚的所有主要理论应该与犯罪人在主观上对惩罚的感知相关。然而，直到现在也不知道人们对于施加在他们身上的刑罚有什么样的反应。在过去的二三十年里，尤其是最近的几年里，许多跨领域的社会科学家开始研究评估刑罚带来的主观痛苦的新方法，包括身体上的和心理上的。这项关于刑罚的主观感受的研究是社会科学致力于研究人们主观幸福感的衡量和决定因素中的一部分。出于这样一种信仰，个人自我报告是最好的幸福测量方法，快乐心理学或者享乐论是行为科学研究中最活跃的领域。② 研究中最重要的两个发现与刑罚的研究密切相关：（1）许多生活中的事件，积极地或者消极地，很少对个人的幸福产生持久的影响，因为人们很快地适应了生活。（2）人们没有意识到或者不记得他们自己如何快速地适应，因此过低地预测了未来事件会带来的快乐影响。研究已经发现，不管人们经历多大程度的消极影响后，起初幸福感会下降，但是很快会回升（至少到有意义的程度），这种消极影响小到包括得知自己在某个测试中得分很低，大到包括变成瘫痪。监禁刑对犯罪人影响的表现如下：

---

① Victoria Guitera, et al, *Quality of Life in Chronic Daily Headache: A Study in a GeneralPopulation*, 58 Neurology 1062, 1064 (2002).
② Richard F. Antonak and Hanoch Livneh, *Psychosocial Adaptation to Disability and Its Investigation among Persons with Multiple Sclerosis*, 40 Soc Sci & Med 1099, 1103 (1995).

首先，犯罪人对监禁刑的适应。在美国，罚金刑经常被作为对犯罪的惩罚，但是监禁刑还是最主要的刑罚，了解监禁刑对犯罪人的影响是关键的。社会科学领域关注犯罪人对监禁刑的反应始于 20 世纪 50 年代，克莱默的监狱化理论，预言经过服刑的这段期间，犯罪人的生理和心理健康会逐渐衰退。然而，最近这些研究成果受到了挑战，有证据证明犯罪人很快适应了监狱的生活。与其他领域得出的适应性证据一致，监禁刑在犯罪人入狱时似乎会导致心理上的悲痛，但是随着刑期的推进，心理就会随之好转。早期横向研究比较了被判长期徒刑的犯罪人在服刑一年之后与服刑十年之后的不同。刚服刑一年的犯罪人明显表现出更大程度的焦虑，沮丧，身体上和精神上的失调。这个研究结果表明对于被判长期监禁刑的犯罪人来说，服刑的早期阶段压力特别大，因为他们必须完成从以前的生活向监狱生活的转变。[①] 没有证据证明随着时间的推进，他们的心理会恶化，相反地，服刑越久越适应监狱地生活。横向研究会引起群体之间的比较问题，但是横向监狱适应说的证据已经得到纵向地追溯研究犯罪人在服刑期间的感受所得出的结果证明。一个类似的研究在七年间经常调查服刑人员的感受。[②] 正如横向研究所得出的结论，研究者们发现：被调查的犯罪人在刚服刑的第一个月表现出很大程度的惊恐伴随着沮丧，焦虑等的消极情绪。然而，几个月内，犯罪人自我报告的精神健康状况已经得到相当大的好转，同时焦虑，沮丧等情绪也降低大约三分之一。一年后，消极情绪更少，但是仍然高于随机抽取的被释放罪犯的消极情绪。六年后的调查显示消极情绪大大减少了，积极情绪提升了。这些研究显示出了犯罪人对监狱生活的适应模式。一开始服刑时，监狱环境引起严重的负面情绪及很底水平的幸福感。然而数周后，服刑人员发展自己的调适机能使自己适应新的环境并提升幸福感。在适应阶段后，犯罪人的幸福感在接下来的服刑时间里似乎稳健地增长。因此，监禁刑的痛苦是短暂的，随着刑期的推进，这种痛苦会逐渐削弱。

[①] Peter A. Ubel, George Loewenstein, and Christopher Jepson, *Disability and Sunshine: Can Hedonic Predictions Be Improved by Drawing Attention to Focusing Illusions or Emotional Adaptation?*, 11 J Exp Psych: Applied 111, (2005).

[②] See Peter Ayton, Alice Pott, and Najat Elwakili, *Affective Forecasting: Why Can't People Predict Their Emotions?*, 13 Thinking & Reasoning 62, 64-66 (2007).

其次，监狱生活对幸福健康的长期影响。监狱生活给犯罪人带来的痛苦可能比预测的少，因为犯罪人适应了监狱生活的一些特征。相反地，任何长度的刑期给犯罪人带来的痛苦可能比预测的更严重，因为监狱生活给出狱后带来的消极影响是难以适应的。已经有研究证明任何长度的监禁刑都会产生类似的情况：出狱后将会遭遇各种类型的伤害包括健康问题，经济问题，及社会关系的丧失等负面的结果，这些尤其使他们很难适应。[1]

直到最近，人们还广泛地认为监禁刑对出狱后的犯人的健康，职业及家庭不会产生直接的因果关系影响。任何认为监禁与健康及工作等有相互关系的想法都是选择性影响的结果。也就是说，在监狱里的人或多或少地本来就存在着身体健康问题或者职业机会问题。然而，在过去的几年里，研究者们将用来研究幸福感的相同的纵向调查方法来追踪犯罪人在入狱前后的变化，从而将在监狱服刑这段期间的影响分离出来。[2]

根据关于年轻人的国家纵向调查所得出的数据，研究者已经发现出狱后的犯罪人与一般人相比，在报告与压力和传染病有关的健康问题上有更大的可能性。[3] 以前的囚犯在报告丙型肝炎感染，艾滋病病毒，结核病及泌尿道感染是其他人的两倍。此外，他们还报告了程度极其严重的慢性头痛，睡眠问题，头晕及心脏病问题。考虑到监狱性暴力的高发生率及其产生的许多压力源会影响出狱后的生活，这些结果也不令人奇怪了。但是，令人惊讶的是研究者们得出的证据显示健康问题的发生率及严重性几乎完全与刑期的长度没有关联。只要超过一年的刑期都会使犯罪人面临消极的狱后健康问题。在十二个月之后，其他多出来的时间对健康的边际效益的影响是微不足道的。

关于服刑人员出狱后的就业前景的研究也报告了相似的发现。重罪徒刑导致社会烙印，工作技能的退化等。因此，他们经历着低工资，很慢的工资增长幅度，最重要的是更大的失业率。根据布鲁斯的报告，他

---

[1] See Jason Schnittker and Andrea John, *Enduring Stigma: The Long-term Effects of Incarceration on Health*, 48 J Health & Soc Behav 115, 117 (2007).

[2] See generally Michael Massoglia, *Incarceration, Health, and Racial Disparities in Health*, 42 L & Socy Rev 275 (2008).

[3] See Andrew E. Clark, et al, *Lags and Leads in Life Satisfaction: A Test of the Baseline Hypothesis*, 118 Econ J F222, F231 (2008).

们年平均工作的周数从入狱前的35周减少到出狱后的23周，倾向于较短的工作周期。另外，监禁与释放后持续好多年的失业有关联。在释放后，他们一般被分流到二级劳务市场，很低的工作保障，没有晋升的机会，收入微乎其微。

因此，应该发展非监禁刑的执行方式：进一步加强社区矫正的建设，纳入社区矫正的对象包括被宣告缓刑的罪犯、被假释罪犯、被判处管制及被剥夺政治权利的罪犯，还包括暂予监外执行的罪犯；建立和完善刑罚易科制度，以利于更好地体现对罪犯区别对待的原则；重视财产刑执行方面的改革，完善财产刑的执行。

二 行使刑罚执行权的机关

在刑事司法过程中，公安机关、审判机关、检察机关和司法行政机关应该分别行使侦查、起诉、审判和执行的职权。但是，从目前的情况来看，存在着严重的职权错位、职权划分不明的情形：公安机关在行使侦查权的同时承担着很大部分的刑罚执行职权；人民法院在行使审判权的同时也承担着一部分的刑罚执行职能；检察机关在行使公诉权时也承担着监督和侦查的职权；司法行政机关只承担了部分的刑罚执行权。这种职权划分不明的状况，导致了刑罚执行工作的紊乱，也破坏了刑事司法活动中各机关的协调。

1. 公安机关。从我国法律规定来看，公安机关的职能应该主要是承担保护社会治安、进行侦查活动预防国家受到犯罪行为的侵害，而不是主要承担刑罚的执行工作。而且从公安机关本身的性质来看，其也不适合从事刑罚的执行工作。公安机关在侦查犯罪的活动中与犯罪分子处于对立的状态，是镇压与被镇压的关系，而承担刑罚执行职能的机关不仅需要惩罚犯罪分子，更重要的是需要对犯罪分子进行教育改造，因此公安机关的性质决定了其不能有效地开展刑罚执行的工作。另外，公安机关本身所承担的社会治安任务就很繁重，随着科技的进步，犯罪手段越来越复杂，犯罪数量激增，公安机关需要花费精力提高自身侦破案件的能力而不是同时兼顾履行刑罚执行的职能。

2. 人民法院。人民法院是主要承担审判职能的机关，如果让人民法院承担部分的刑罚执行职能会影响法院居中裁判的地位，也会影响审判工作的效率。作为国家审判机关的人民法院，不仅承担着刑事审判的职能，还有大量的行政、经济、民事等的审判任务。人民法院面临着大量的审判工作，如果在刑罚执行方面分散审判资源势必会影响其审判工作。

3. 司法行政机关。将刑罚执行权统一由司法行政机关行使可以促进刑事司法资源的合理配置，实现各职能机关的相互制约，也更有利于提高执行的效率。司法行政机关统一行使刑罚执行权可以避免刑事司法资源的浪费，实现刑罚执行制度的统一，也有利于提高刑罚执行工作的管理水平。但是，从目前司法行政机关的发展水平来看，尚不完全具备从事所有刑罚执行工作的能力，应当加强职能方面的调整，削减与刑罚执行工作无关的行政管理的职能，将其主要的职能集中到刑罚执行方面。

由司法行政机关统一行使刑罚执行权之后，原来由公安机关管理的看守所可以划归由司法行政机关管理，拘留所可以由公安机关继续保留以对犯罪嫌疑人进行短期的羁押。司法行政机关拥有长期积累的监狱管理经验，将看守所划归司法行政机关管理后，有助于提升看守所的管理水平，进一步促进其管理工作的发展。在司法行政机关统一行使国家的刑罚执行权之后，人民法院可以剥离原来承担的部分刑罚执行职能，只保留少量的执行人员，承担一些没有刑罚内容的判决、裁定或者决定等的刑罚执行职能。比如，执行免予刑事处罚的判决或者执行对被告人的无罪判决等。纵观各国的经验，未来刑事司法改革的方向应该是由刑事司法机关统一行使刑罚的执行权，以实现刑罚执行的一体化。只有实现了刑罚执行的一体化，才有助于合理分配刑事司法资源，消除刑事司法活动中存在的职权划分不清的现象，切实提高刑罚执行的效率，实现各机关在刑事司法实践活动中的分工负责、相互配合、相互制约，全面提高刑事司法活动的质量。

第三章

刑罚权的发动

第一节 刑罚权发动的理由

一 刑罚权的正当性理论

刑罚大体上有两个阵营,一个是报应主义阵营:认为刑罚通过惩罚不法行为明确社会规范及道德标准,其本身就是目的。另一个是功利主义阵营:认为刑罚在减少不法行为的层面上具有正当性。可以通过限制自由的方式减少行为人的不法行为,同时对其他人具有一定的威慑作用,或者通过修复措施使其不再犯罪。

(一)报应主义的基本观点

报应主义以过去的行为为中心,重点在报复,认为对犯罪的报复是刑罚权发动的正当性根据。犯罪人的犯罪行为对社会造成了一定的损害,社会有权利针对犯罪人的恶行及其给社会造成的损害进行报复。适用刑罚的目的是通过对犯罪人犯罪行为的惩罚以使被破坏的社会秩序得到恢复,使社会回复到常态,因此,是否起到了报应的目的是决定刑罚的质和量时的标准。报应论者认为发动刑罚权的目的是报复犯罪人的犯罪行为,实现以刑罚之恶来治犯罪之恶。报应论的历史演变经历了三个阶段:神意报应论、道义报应论以及法律报应论。

神意报应论认为:神是世界的主宰,而国家的统治者是神的代言人,其制定的法律是神的意志的体现,犯罪行为违背了法律即是违反了神的意志,因此应该受到刑罚的惩罚。神意报应论是最原始的惩罚观念,其追求的效果是"以牙还牙""以眼还眼",根源于人的复仇本能。神意论的产生有其历史的必然性,在远古时代,由于人的认识能力的有限性，不能理性地解释自然或者社会现象，因此就将一切不能解释的事物归结于神的旨意。随着人类认识世界能力的提高，神意报应论逐渐被道义报应论所取代。道义报应论者认为，刑罚是用来惩罚有道德罪过的人，只有道德罪过的人才应受到道德的谴责才应遭到刑罚的惩罚，因此刑罚权的发动是为了惩罚有道德罪过的行为。刑罚的量应该与道德罪过的严重性相当，这是等量报应的观点。在等量报应论之后又出现了等价报应论即法律报应论，所谓等价①，意味着刑罚的强度必须和犯罪行为的危害程度相适应，即在价值上等同。法律报应论者认为，犯罪行为是对法律秩序的破坏，是一种违法行为，刑罚是对违反法律秩序的犯罪行为的扬弃，是正义的表现。并认为刑罚权发动的正当性根据是，犯罪人基于自由的意志违反了包含其自身的法而实施的犯罪行为理应受到刑罚的惩罚。也即刑罚的报应性根据并不是基于人们的主观想法，而是出于尊重犯罪人自身的法，尊重犯罪人的自由意志的选择，刑罚的尺度来源于犯罪人的犯罪行为本身。

虽然不同的学者对报应论的认识不尽相同，但是其中有许多共同之处：刑罚权的发动是针对过去的犯罪行为，即犯罪行为的发生是动用刑罚的前提和条件，这就限制了刑罚权发动的任意性也防止了刑罚的严酷；对犯罪行为进行惩罚即报应，有利于被害人复仇心理的恢复，体现了绝对的正义；报应刑论在犯罪与刑罚之间进行道德与法律上的评价，在此过程中刑罚的适当性被充分地考虑，也被得以恰当的评价；将报应作为刑罚权发动的正当性根据，可以使刑罚的严重性程度与罪行的严重性程度相当。当然，报应论也存在明显的不足：首先，国家刑罚权的发动并不是仅仅为了给犯罪人以报复或者报应，其根本的目的是为了维护统治秩序，报应论者本身在实际上也承认了刑罚的目的是使被犯罪行为破坏的法律秩序得以恢复；其次，报应论者主张同罪同罚以实现绝对的正义，但是对于相同的犯罪行为由于不同的犯罪原因或者犯罪人的主观恶性不同，往往考虑适用不同的刑罚，体现一种分配的正义。因此，绝对报应论者忽视了具体情节各异的犯罪行为导致的犯罪与刑罚之间的适应关系，是不科学的。

---

① 参见马克昌主编《近代西方刑法学说史》，中国人民公安大学出版社2008年版，第150页。

由于报应主义理论与功利主义理论都存在明显的不足与不合理的地方，因此又出现了将报应与预防结合为一体的综合性理论，该理论认为：刑罚存在的正当性根据是报应与功利的有机统一体，两者均是刑罚存在的正当理由。确定给某种犯罪行为施加惩罚，不仅仅要考虑惩罚该犯罪行为还要考虑是否可以预防其他人犯该类罪行，即同时考虑报应与功利因素。将报应与功利同时作为评价刑罚正当性的标准还可以起到两者的相互制约作用，用报应来限制追求刑罚的功利性有利于社会正义的实现。但是，真正将报应与功利很好地有机统一也是十分困难的，不同学派对报应与功利相互关系的认识都是不同的。有的学者认为对自然犯和法定犯的刑罚应该有所区别，对自然犯的刑罚应该以报应为其价值目标而对法定犯的刑罚应该以功利为其价值目标。有的学者将刑罚权的运作分为制刑权、量刑权和行刑权三个不同的阶段，在这三个不同阶段分别有着不同的价值追求。因此，将报应与功利合为一体的综合论实际上是相当混乱的，其在理论上缺乏统一性与彻底性，难以有说服力。

（二）功利主义的基本观点

功利主义认为合理的刑罚设置应该旨在预防以后同种类犯罪行为的发生，即结果主义以结果为中心，重点在预防，具有前瞻性，结果在决定具体刑罚的量和质上都是重要的衡量标准。这里所说的结果是指对将来类似犯罪的影响。功利主义者认为预防犯罪是刑罚的目的所在，包括一般预防和特殊预防。一般预防是指通过惩罚犯罪人的犯罪行为，以达到预防社会上的一般人实施犯罪行为的目的。而特殊预防是指通过惩罚犯罪人的犯罪行为，以达到防止犯罪人再次犯罪的目的。

一般预防经历了从重刑威吓论到以立法威吓为重点的古典功利论的转变。[1] 重刑威吓论重视刑罚的威吓作用所产生的社会效果，并且肯定这种威吓作用存在的正当性。相对于神意报应论来说，重刑威吓论具有一定的进步性，其表现在：首先，重刑威吓论重视刑罚作为控制犯罪的手段的作用，将刑罚作为对犯罪进行遏制的积极手段，而不仅仅将刑罚单纯地视为对犯罪的原始报复、机械否定；其次，重刑威吓论追求刑罚所产生的社会效果，而不只是将刑罚仅仅作为对犯罪的惩罚，也即将适

---

[1] 参见黄立《刑罚的伦理审视》，人民出版社2006年版，第88页。

用刑罚与刑罚所产生的效果相结合,其相对于忽视刑罚效果而只追求惩罚的神意报应论来说,显然是一个重大的进步。但是重刑威吓论也存在很多不合理之处:第一,重刑威吓论主张用严厉的刑罚惩罚犯罪人,将犯罪人放在完全的对立面,必然会导致酷刑的泛滥、对犯罪人人格和生命的漠视及刑罚人道性原则的违反;第二,重刑威吓忽视刑罚的公平性要求。其认为,刑罚越严酷所产生的威慑力就更大,这是为什么在远古时期中外的刑罚制度都非常严酷的原因,具有的普遍特征是:用刑残酷、罪刑擅断、轻罪重刑甚至无辜的人也会受到惩罚。在这样的条件下,罪责刑相适应的原则根本无从谈起,实现刑罚的公平性也必然是一种奢想;第三,重刑威吓不注重对刑罚资源的合理分配,违背社会正义的要求。重刑威吓论者为了达到刑罚遏制犯罪的效果,完全不重视刑事司法成本资源的投入,违背以最小的成本换取最大收益的效益法则。在这种刑罚制度背景下,必然会导致适用刑罚的盲目与酷滥,违背社会的正义。

重刑威吓论逐渐被立法威吓论所取代是在启蒙思想传入之后,以立法威吓为重点的古典功利论对当时的司法实践活动产生了很大的影响。总的来说,以立法威吓为重心的古典功利论具有以下几个方面的特征:

第一,古典功利论推崇罪刑法定的原则,禁止刑罚的滥用。古典功利论者反对重刑威吓论者的罪刑擅断,坚决主张罪刑法定,认为:正义的刑罚是不应该超出法律限度的,犯罪与刑罚只有通过法律明确规定才有效,刑事司法人员也只能依据明确有效的法律规定给犯罪人定罪处刑。

第二,古典功利论者关注刑罚的成本资源投入,重视追求刑罚所产生的效益。刑罚权的发动应当限制在足以控制犯罪的必要性范围内,如果超出了必要的范围,那么刑罚权的发动就是不理性的。这就说明了刑罚权的发动不是毫无限制的,不是重刑威吓论者所主张的轻罪重罚,而是必须在足以遏制犯罪的必要范围内,即强调了适用刑罚的比例性原则。

第三,古典功利论的主张可以促进刑罚的轻缓化,其以刑罚的效益作为刑罚权发动的标准,相对于重刑威吓论者只注重刑罚的威吓效果而导致严刑重罚来说,可以使刑罚的严厉性降低。很明显,古典功利论相对于重刑威吓论来说，重视了刑罚的效益而否定了罪刑擅断，是一般预防理论的重大进步。

但是，古典功利论也存在很大的不足，主要表现为以下几方面：首先，古典功利论认为犯罪行为是犯罪人进行理性权衡选择的结果，具有一定的片面性。因为犯罪的类型有多种，在过失犯罪和激情犯罪当中就不存在犯罪人的理性选择，而只是犯罪人在当时当地条件下的一时冲动或者没有尽到应有的注意义务的结果。因此，古典功利论将所有的犯罪行为都归结为犯罪人理性选择的结果，其主张有失偏颇；其次，古典功利论者的主张也有导致严酷刑罚出现的可能性，古典功利论的理论存在矛盾之处。其一方面反对重刑威吓论者的严苛刑罚及只求刑罚效果的主张，另一方面又认为可以通过加大刑罚的量来提高刑罚的效果，因此，其所主张的刑罚的效益实际上包含的意思是，可以通过施加严厉的刑罚以达到控制犯罪的最大效果，为严刑峻罚的存在提供了可能性；最后，古典功利论者所强调的罪刑法定和立法威吓虽然在很大的程度上限制了司法人员定罪量刑的任意性，但是基于刑罚一般预防效果的无法衡量，应该投入的刑罚资源也无法预测，因此古典功利论并不能完全禁止立法上对刑量分配的随意性与盲目性。

特殊预防可以通过适用剥夺犯罪人的生命或者自由的刑罚，来达到阻止其再犯罪的目的。特殊预防论分为矫正论和剥夺犯罪能力论[①]两个分支。

矫正论被实证学派发展成一种影响深远的特殊预防理论，矫正论者认为，犯罪人实施犯罪行为并不是自由选择的结果，而是必然的。犯罪人之所以实施犯罪行为是由于犯罪人的自身特征及自然环境和社会因素等综合作用的结果，这些因素导致了人必然会犯罪，也即人的犯罪行为是被多种因素的存在所决定的必然行为。引起犯罪的原因以及由原因导致的犯罪结果之间存在着必然的因果关系，在这种因果关系的作用下，人是不可能有选择自由的。因此，社会应该对犯罪承担责任，而不应该是犯罪者本人承担道义上的责任。

矫正论者的理论一方面彻底否定了报应论者基于犯罪人的个人责任

---

① 参见邱兴隆《关于惩罚的哲学：刑罚根据论》，法律出版社2000年版，第161页。

而为刑罚权的发动寻求合理的根据。另一方面该理论在否定了犯罪行为是犯罪人的理性选择的同时也构成了对一般预防理论的怀疑。有的矫正论学者将犯罪当作疾病，而刑罚是治疗犯罪的良药，刑罚存在的目的则是避免犯罪这种社会疾病侵害社会。而避免犯罪侵害社会的最有效的途径是针对不同类型的犯罪人使用不同的刑罚方法。矫正论曾在20世纪四五十年代是处于主导地位的刑罚根据理论，而其标志性学派是医疗学派。该学派将犯罪人作为一种精神病人来对待，处理犯罪人的过程也应该是一种治疗的过程而不是惩罚的过程，而整个司法活动运行的目的也是为了把犯罪人当作病人一样，使其得以康复。

剥夺犯罪能力论作为特殊预防理论的另一个重要分支，其将剥夺犯罪人再犯罪的能力作为实现刑罚特殊预防目的的重要方式。该理论认为如果剥夺犯罪人的自由就可以阻止犯罪人再犯罪，那么就没有必要给犯罪人判处死刑，只有当剥夺犯罪人的自由之后也不能有效阻止犯罪人再犯罪时，给犯罪人判处死刑彻底剥夺其犯罪的能力才是合理的选择。剥夺犯罪能力论主要是通过刑罚的物理强制作用来实现的，通过将犯罪人与社会隔离开而使犯罪人被社会排除出去，使之不能再对社会造成危害。由于单纯的矫正论和剥夺犯罪能力论都存在着很多缺陷，后来有的学者提出了特殊预防综合论的思想。特殊预防综合论的观点主要有：对于可以矫正的犯罪人，应该通过刑罚的矫正作用促使其重新返回社会；对于不能矫正的犯罪人，应该通过剥夺其再犯罪能力将其与社会隔离开，使其没有能力再危害社会；对于通过刑罚的威吓作用即可达到遏制犯罪人的目的，只需借助刑罚的威吓作用即可。综合论者认为犯罪是犯罪人的个性特征与所处的外界自然环境与社会环境交互作用的产物，应该针对不同的情况制定不同的阻止犯罪人再犯罪的措施，对犯罪人产生适当的影响应该是适用刑罚的主要目的，适用刑罚应该以特殊预防为必要的限度。

功利主义提出的一般预防和特殊预防理论，都存在明显的不足。概括而言，一般预防理论存在如下几方面的不足：

首先，对刑罚一般预防目的的强调容易导致量刑的随意性，违背罪责刑相适应的原则。罪责刑相适应的原则是指刑罚的轻重应当与犯罪分子所犯罪行及所承担的刑事责任相当，即强调刑罚的轻重与罪行的轻重相适应。罪责刑相适应的原则包括两个方面的内容：立法上对犯罪和刑罚的规定相当于司法上的罚当其罪。立法上对罪刑的规定相当是司法上罚当其罪的法律依据，司法上的罚当其罪是立法上罪刑相当的法律实现。如果只强调刑罚的一般预防作用，仅仅考虑刑罚对一般人的威吓作用，不管犯罪人罪行的轻重与刑事责任的大小，必然会导致量刑的随意性，违背罪责刑相适应的原则。

其次，对于刑罚是否可以产生一般预防的效果存在一定的疑问。犯罪的产生受到社会上多种因素的影响，而刑罚没有根除产生犯罪的社会因素的功能，犯罪实际上是一个非常复杂的社会现象。

再次，刑罚要对可能犯罪的人产生威吓作用的前提是这些可能犯罪的人明知自己的行为构成犯罪，并且深信犯罪的后果是被判处刑罚。但事实上是，很多犯罪人并不知道自己的行为构成犯罪或者认为自己的行为构成犯罪但可以逃避惩罚即存在侥幸心理。另外，司法实践当中的确存在着犯罪人在犯罪后长期不受法律追究的情况，因此，刑罚的一般预防效果被大大削弱。

最后，刑罚一般预防效果的取得受到多方面因素的制约，比如，治安形势的好坏、经济发展不同的地区、自然犯与法定犯的不同、人的文化水平的高低等等。

特殊预防理论存在的不足表现为如下几个方面：

第一，矫正论是以否定刑罚所具有的惩罚性为前提的，主张用社会防卫措施等词语来定义矫正，而废除刑罚等类似具有惩罚性的说法。但是，对犯罪人进行矫正的前提首先是对犯罪人进行强制，如果没有相应的强制力量，那么矫正也只是空想。刑罚是剥夺或限制犯罪人某种权益的方法，即使用社会防卫等称谓代替刑罚等的词语，也只是一种概念上的变化，不能否定其所具有的惩罚性质。正如帕克所强烈指出的："只要是针对犯罪人的犯罪行为对其实行的矫正，并且矫正的目的是防止其再实施犯罪，那么就具有惩罚的性质"。[1] 在这个问题上，我国台湾学者林山田先生也曾指出："所谓的治疗与矫治，仍然是建立在传统的刑

---

[1] Herbert L. Packer, *The Limits of the Criminal Sanction*, Stanford: Stanford University Press, 1968, pp. 52-55.

罚基础上，其对罪犯的处置，依然与昔日之刑罚并无二致。"[①] 因此，不管什么样的矫正措施也无法脱离其所具有的惩罚性的属性。

第二，矫正论者对犯罪人的认识是不全面的，矫正论者将犯罪人作为病人来对待。但是，大部分犯罪人都像我们一样，是正常人，将其视为病人来同情势必会减弱刑罚对犯罪的道德非难作用。另外，矫正论者认为所有的罪犯都是需要矫正的，即意味着所有的犯罪人都是具有再犯可能性的人，但是在司法实践当中，有一部分犯罪人只会进行一次犯罪，比如激情犯。对这些在具体情境下突发实施犯罪行为的人，其矫正的需要就没有其他犯罪人那么强烈。因此，应该区别具体的犯罪人作不同的对待。

第三，矫正论者对矫正的理解是不全面的，矫正论者认为所有的犯罪人都是可以得到矫正的，但是实践也证明了，并不是所有的犯罪人都是可以被矫正的。因此应在矫正之外寻求其他的刑罚根据，矫正论者明显夸大了矫正能产生的实际效果。

特殊预防综合理论的出现弥补了矫正论和剥夺犯罪能力理论的不足，兼顾了两种理论，实现了两种理论的功能互补，对可以矫正的犯罪人进行矫正，对不可以矫正的犯罪人使其不再危害社会。但是，特殊预防综合理论也存在明显的不合理性，具体表现如下：

第一，特殊预防综合理论彻底否定报应刑是不合理的，该理论认为给犯罪人施加惩罚的原因是为了防止其将来有再犯罪的可能，而不是因为犯罪人之前的犯罪行为，从而直接否定了刑罚与犯罪行为之间的联系。这其中包含的意思有，犯罪行为不一定会受到刑罚的惩罚或者说刑罚可能并不一定是犯罪的结果。这明显具有不合理性。

第二，特殊预防综合理论否定一般预防的效果是片面的，不管是一般预防还是特殊预防，其作用都是不可低估的，其到底处于什么地位还要取决于保护社会权益的意义。特殊预防的对象是防止已经犯过罪的人再次犯罪，其预防的对象是少数人。而一般预防的对象是防止一般人进行犯罪行为，其预防的对象是大多数的人。两种理论都处于重要的地位，特殊预防综合理论否定一般预防的作用显然是不正确的。

---

① 林山田：《刑罚学》，台北商务印书馆股份有限公司1983年版，第78—80页。

第三，特殊预防综合理论在司法实践中也难以把握，对可以矫正者与不可以矫正者的区分有难度。另外，该理论容易造成对可能犯罪的人提前采取措施以防患于未然，或者为了维护公共社会秩序的安全而对个别无罪的人施加惩罚。综上所述，过分地强调刑罚的功利作用，不仅不利于有效地预防犯罪，而且不利于刑罚公正目标的实现。刑罚不仅仅可以预防犯罪的发生，也是犯罪人犯罪行为的结果，因此刑罚在产生预防的社会效果的同时，也说明了刑罚给犯罪人所带来的痛苦也是符合社会正义的要求的。总而言之，刑罚给犯罪人带来的痛苦只有符合社会正义的要求才能起到刑罚的预防犯罪的效果。

（三）两种观点存在的对立

功利主义和报应主义的先驱分别是边沁和康德。他们可以说是第一批坚持用纯哲学方法来思考刑罚问题的学者，处于同一时期，都在19世纪交替的时候。边沁和康德主张，正义禁止人们为惩罚寻找与其宗旨不相关的理由。边沁认为：如果功利主义原则处于支配地位，对每个案件的惩罚都遵循此原则，那么其他与之偏离的原则都是错误的。[①] 相对地，康德认为，惩罚不能仅仅被认为是预防犯罪的手段，对犯罪人施加惩罚的理由应该是犯罪人实施了犯罪行为。

边沁明确地提出了是否应该惩罚的条件，惩罚的标准是功利主义原则的最大化。边沁明确禁止：无效果的刑罚，不能预防犯罪；太昂贵的刑罚，刑罚施加的痛苦大于阻止的痛苦；不必要的刑罚，对某种不法行为不设置刑罚也不会再发生。而康德的观点则相反，坚持认为，不能仅仅为了维护社会秩序的目的而施加惩罚。

边沁和康德的观点引起了广泛的讨论，讨论的结果是折中理论的出现。存在的区别是更倾向于两种理论中的哪一种，正如哈特所说，当代的报应主义理论形式认同与现代刑法体系相关的任何关于惩罚的理论，必然包括功利主义的预防犯罪的思想。[②] 但是立法的过程中出现了有意思的现象，虽然单一的惩罚理论在学术讨论中被认为是不可行的，但是

[①] See Jeremy Bentham, *An Introduction to the Principles of Morals and Legislation*, (J. H. Burns & H. L. A. Hart eds., 1970) (1789).

[②] H. L. A. Hart, *Prolegomenon to the Principles of Punishment*, in Punishment and Responsibility: Essays in the Philosophy of Law, pp. 210, 235-236. (1968).

立法机关在立法时经常会被学术界质问，因为不能严格按照理论创设立法。比如，1987年美国量刑委员会完成了联邦量刑指南的创设，但是其明确指出不被任何一种刑罚理论规制。最后的草案写道：因为大部分人都同意刑法本身及特别是刑罚的创设目的是为了控制犯罪，也因为采用两种刑罚理论得出的量刑结果是相同或者相似的，所以委员会不需要指出采用哪种理论而没采用哪种理论。[①] 批评者们反复抨击这种立场，最有代表性的事件是，原来的量刑委员会成员保罗·罗宾逊教授，因为反对委员会的这种立场而离开，他认为，这种立场导致的结果是量刑指南的随意性及内部的不连贯性。

功利主义将刑罚产生的影响作为决定刑罚的规范性标准，而报应主义将报复作为决定刑罚的标准。也就是说，功利主义者必须评估不同刑罚产生的影响，并且权衡这些影响。报应主义者则必须评价什么刑罚才是犯罪人应该承担的。存在的问题是：对于功利主义者来说，刑罚产生的相关影响是什么，如何权衡这些影响？而对于报应主义者来说，什么行为及哪种犯罪人是应该受到惩罚的？试图回答这些问题需要我们在两种模式之外思考。每种模式本身不能给出问题的答案。正如安东尼·达夫所述：所有报应主义理论的主要缺陷是都不能解释为什么某种行为应该受到刑罚惩罚。[②]当报应主义者被问及："哪种人应该受到惩罚？"他们可能这样回答："对犯罪行为负有责任的人或者实施犯罪行为的人"。当被问及："如何对犯罪人决定刑罚的种类和程度时？"回答是："罪刑相当的原则——只有在评估了犯罪行为人行为的严重性及责任后才能决定"。问题的关键是报应主义者在决定刑罚时主要根据应受惩罚性来决定，但是在报应主义的理论框架内不能解释应受惩罚性的概念。

同样的，功利主义者也面临着同样的不确定性。只有在判断出什么种类的行为属于犯罪之后才能决定对该种犯罪行为施加刑罚是应当的，同样也才能决定如何在具有不同危害性的犯罪行为间分配刑罚。[③] 当功利主义者被问及："什么样的行为应受惩罚？"答："那些影响社会秩序

---

① Sentencing Guidelines for the United States Courts, 18 U. S. C. app. (2003).

② Anthony R. Duff, *Crime and Punishment*, in Routledge Encyclopedia of Philosophy (E. Craig ed., 1998), available at http://www.rep.routledge.com/article/T002SECT2.

③ Dan M. Kahan, *The Theory of Value Dilemma: A Critique of the Economic Analysis of Criminal Law*, 1 Ohio St. J. Crim. L. (forthcoming 2004).

的行为。"问:"如何决定刑罚的种类和程度?"答:"应该刚好可以抵销犯罪带来的负面影响。"同样地,在功利主义理论范围内不能回答犯罪带来了怎样的负面影响。

判断某一种行为比另一种行为严重的标准是什么,刑罚理论没有解决这样的问题。解决这个问题,我们需要获取一系列的信息。以美国的暴乱行为和 VIN (车辆识别码 Vehicle Identification Number) 欺诈行为为例[①],在比较这两种行为的严重性时,需要如下信息:人们在多大程度上反对暴动行为?暴动行为对经济,社会和个人会产生什么损害?如果惩罚煽动暴动的行为,那么如何评价煽动性的言论?我们必须了解暴动行为产生的所有损害及惩罚暴动行为产生的所有影响,这样暴动行为的不法性就可以显现出来。同样也需要了解人们在多大程度上反对 VIN 欺诈行为,这种行为给消费者及销售者带来了多大的损害,以及为了发现 VIN 欺诈行为,美国车辆管理所设计了许多表格需要人们填写,这带来了不便,人们在多大程度上可以接受这种不便?这些信息只是需要了解的最基本的信息。这些问题都可以转化为损害的问题,只有确定了损害的性质及程度后才能判断出如何对暴动的煽动者及 VIN 欺诈行为的实施者施加刑罚。报应主义理论和功利主义理论都解决不了这样的问题,两种理论都同样地需要对每种犯罪及其刑罚进行独立地,根本性的评估。实际上,不同刑罚理论解决的核心问题应该是行为是否会造成损害,造成了什么样的损害,确定这种损害是不是刑罚规制的范围。

二 可替代的刑罚理论:损害

如果用经济学术语表述犯罪的损害,即指某种会导致资源重新配置的结果,这里的资源包括:物质资料,身体损害,经济损失,精神上的幸福感,社会地位,社会秩序等。[②] 简单地说,如果人们对某种东西给予积极的评价,那么这种东西的毁损就会带来损害。如果是因为犯罪行为遭受的毁损,那么就是犯罪的损害。

[①] See, e. g., Paul H. Robinson, Dissent from the United States Sentencing Commission's Proposed Guidelines, 77 *J. Crim. L. & Criminology* 1112, 1112-24 (1986).

[②] Cf. Tracey L. Meares & Bernard E. Harcourt, Transparent Adjudication and Social Science Research in Constitutional Criminal Procedure, 90 *J. Crim. L. & Criminology* 733, 735 (2000).

1. 犯罪和刑罚具有多维性。现在的刑事司法体系主要依赖监禁刑来惩罚犯罪，并以刑期的长短来表示不同犯罪的严重性，用单一的标准衡量不同类型的损害，过于简单化。通过观察监禁刑所适用的犯罪种类可以看出一种文化对犯罪损害的定义。如果能够将多种类型的损害分解并合并归类，就有可能创设多样性的刑罚来处理不同犯罪带来的不同损害。不能认识到不同犯罪会引起不同的损害，就容易忽视相对于单一的刑罚来说（仅仅在严重性上有区别），刑罚多样性的必要。通过关注不同犯罪带来的不同损害，更容易确定犯罪人所需要的处遇。因为犯罪行为产生的损害的复数性和多样性，那么要求对该种行为的惩罚也应该多样性。这种多样性有两个优势：第一，使被害人及其他人感到所有的损害都被恰当的弥补。第二，通过缩短或者消除某些犯罪的监禁刑，可以节省国家开支，将监禁刑产生的副作用控制在最小的范围内。

2. 刑事司法体系试图用刑罚来平衡犯罪产生的损害。犯罪行为给被害人带来损害，而刑罚通过给犯罪人施加痛苦以抵销这种损害。刑事司法体系通过对特定犯罪施加特定刑罚，目的是将被犯罪行为破坏了的社会秩序恢复到犯罪发生前的状态。重点是要坚持罪刑相适应的原则。刑事司法程序的核心是在犯罪造成的损害与刑罚之间达到平衡。当某种行为被宣布为犯罪时，就等同于宣布这种行为产生了损害。用这样一个公式来形容犯罪和刑罚，公式的一边是：犯罪造成的损害和惩罚带来的附属效应，公式的另一边是：将某些行为宣布为非法并施以惩罚所要达到的"效益"。刑事司法体系必须评估所有的刑事政策来决定这个公式中间是否应该画等号。需要评估的信息有：特定的刑罚是针对哪种犯罪造成的损害，刑罚会对犯罪人带来什么样的痛苦。当损害和痛苦都清楚的情况下，刑事司法体系才能决定某种特定的刑罚对某种特定的犯罪是否必要。

3. 损害在经验上和道德上被认为具有有效性。对于刑罚政策争论的各方来说，犯罪造成的损害是显而易见的，所以不需要特别阐明和争辩。相反，这些损害特别具有争论性。实际上关于刑罚的争论最终会归结为是否特定犯罪现实地造成了损害，如果造成了损害，是否是刑罚应该惩罚的损害。这个问题有两个维度：一个是经验主义的，即犯罪或者刑罚是否在事实上引起了损害；另一个是规范意义上的，即这些损害是否在刑罚应该规制的范围内。传统的刑罚理论争论规避损害的讨论：主张惩罚主义者将重点放在犯罪对被害人及社会秩序的损害；主张修复主义者关注刑罚之苦对被告人的作用；主张剥夺犯罪能力的学者强调犯罪的损害对社会控制的影响；主张威慑论的学者关注哪种犯罪造成的损害最明显且容易预测。[1] 因此，如果报应主义者与修复主义者争论时，其观点分歧可能主要是前者认为后者没有充分解释被害人受到的伤害，后者则认为前者没有考虑到刑罚给被告人来带来的影响。然而这个基本的分歧没有被辩明，但实际上争论的焦点都是损害。损害在类型上可以分为：被害人的伤害（包括受到犯罪侵害的直接被害人、受到犯罪影响的第三方及社会），刑罚的危害（包括犯罪人及受到影响的第三方）、对危害的预防。恢复性司法解决众多犯罪带来的损害。惩罚理论主要的争论倾向于监禁刑和罚金刑的应用，而不是针对不同犯罪施加的损害而制定不同的刑事政策。

第二节 刑罚权发动的原则

引起犯罪的原因是某个时期社会上的诸多因素综合作用的结果，这些因素包括：经济发展的程度、社会矛盾的集中点、犯罪的条件、社会治安的条件、犯罪的诱因、社会控制力的强弱等等。当社会矛盾比较集中、消极力量增多时，就会产生不利于社会生活秩序的行为或者说危害行为，同时在这种社会条件下，危害行为就会呈现出种类多、数量大的特点。当某种危害行为发生的频率较高，引起了社会的广泛关注并且危及了社会安全，达到了需要动用刑罚来规制的程度时，立法机关就会考虑发动刑罚权的必要性及刑罚权规制的范围和程度，即说明该种危害行为被划定进了犯罪圈，达到了入罪的标准。

改革开放40多年来，中国社会正处于社会转型、制度变革、经济建设大发展的时期，转型期的社会条件在客观上促使了许多不稳定因素的产生，滋生了许多新种类的危害社会的行为。将严重危害社会的行为

---

[1] See Martin D. Schwartz & Molly S. Leggett, *Bad Dates or Emotional Trauma?: The Aftermath of Campus Sexual Assault*, 5 Violence Against Women 251 (1999); R. Karl Hanson, *The Psychological Impact of Sexual Assault on Women and Children: A Review*, 3 Annals Sex Res. 187 (1990).

规定为犯罪，以稳定社会秩序，维护国家的安全，保障经济的发展，是国家履行管理社会职责的一种积极表现，也是一种必然选择。发达国家在发展经济、社会变革的过程当中，也出现过同样的犯罪化的进程，比如，日本有轻罪、重罪、违警罪之分，规定犯罪与刑罚的法律也不仅仅只有刑法典，还包括单行刑法，附属刑法。除此之外规定在商法、经济法、社会法等法律中的包括刑罚罚则的条文也难以计数。《轻犯罪法》中将相对轻微的危害行为也规定为犯罪，比如无正当理由进入人的住所，没有看守的邸宅，船舶等的行为；在街道，公园及其他公众集合的场所随地吐痰或者大小便的行为；在公共的会堂，剧场，饮食店等其他公共的娱乐场所或者汽车，电车，船舶，飞行器等公共交通工具中用粗野及蛮横的言行给别人造成麻烦的行为等。对这些轻微的危害行为的惩罚是拘留及科料。而这些行为在我国只是一般的违法行为，根本没有划进犯罪圈。美国也有大量关于无被害人犯罪方面的规定。因此，在社会发展的一定时期出现犯罪化的趋势是无可非议的。

但是，在主张刑罚轻缓化的现代国际背景下，进行犯罪化也需要注意以下几方面的问题：第一，虽然有必要将某些严重危害社会的行为划进犯罪圈，但是并不是没有任何原则的，也并不是将每一种危害社会的行为设定为犯罪都是正确的；第二，将什么种类的危害社会的行为设定犯罪，犯罪化的边界是什么。比如，《刑法修正案（八）》增设的恶意欠薪罪、危险驾驶罪等。又比如社会上很多人建议对吸毒行为、恶意逃债等行为入罪，到底该如何应对需要仔细思考研究；第三，在刑罚轻缓化的国际趋势下，在将某些新型的危害社会行为进行犯罪化的同时，可以考虑将某些不再具有严重危害社会性质的行为排除出刑法范围之外，即进行非犯罪化的考虑。对于还不能进行出罪化处理的危害社会的行为，是不是可以通过司法实践对刑罚权进行一定程度的限制。这些问题从根本上来说都与一个共同的基本问题相关联，这个共同的基本问题是刑罚权的发动标准是什么，即刑罚权的发动原则问题，包括如何划定犯罪圈的问题、何时应该动用刑罚权的问题等。

关于何种行为应该划进犯罪圈，应该受到刑罚惩罚的问题，中外很多刑法学家都曾作过相关的研究，也形成了很多非常有价值的观点。比如，美国著名的刑法学家帕克教授比较全面地在其著作《刑事制裁的界限》里提出的犯罪化的六项标准,我国著名的刑法学家陈兴良教授也提出了刑罚权不能发动的三个原则[①]:第一,刑罚无效果;第二,刑罚可替代;第三,刑罚太昂贵。可以说,这些观点对我们正确把握刑罚权的发动原则和标准都具有重要的启发意义。关于犯罪圈的标准划定问题是一个非常复杂的问题,与很多因素都联系密切,比如:执政者的政治理念、法律观念、国家的经济发展阶段、刑事政策、立法者对犯罪的本质及特征的认识等等。本部分仅从刑罚的配置角度讨论刑罚与犯罪的关系及犯罪圈的划定问题。

在当前提倡建设和谐社会的大环境下,应该认真考虑犯罪圈的划定及刑罚权的发动问题,这一社会主题对于正确掌握入罪的标准有着重要的积极意义。我国刑法将具有严重的社会危害性,依照法律应当受到刑罚惩罚的行为规定为犯罪行为。由此可见,犯罪与刑罚两者之间的关系是相互联系、互为依存并互为因果关系的。一方面,只要是犯罪行为就应该是应当受到刑罚惩罚的行为,从严格意义上讲,某种行为只要是构成犯罪的,就应当施加刑罚予以惩罚。在司法实践当中,虽然有些犯罪行为被做出免予刑事处罚的处理决定,或者决定给予非刑罚化的处理方式,但做出这些处理决定的前提都是该犯罪行为应当受到刑罚处罚的行为。另一方面,危害行为必须达到应当受到刑罚处罚的程度,才能被认定为犯罪,如果某种危害行为没有达到需要运用刑罚惩罚的程度,那么刑法就不能将其规定为犯罪,显然在刑事司法中该种危害行为也不能被认定为犯罪。

因此,我国刑法规定行为在法律上构成犯罪必须符合应当受到刑罚惩罚这一标准。那么,毫无疑问,在考虑是否发动刑罚权的问题时,衡量是否应当受到刑罚惩罚性也是一个必不可少的重要标准。我国刑法学者从刑罚是否具有不可避免性为切入点研究讨论犯罪圈的划定问题,是抓住了问题的核心。但是如果要对是否应当受到刑罚惩罚性进行分析,就必须将刑罚本身所具有的特征考虑进去。某种危害行为是否需要适用刑罚规制,即是否可以避免刑罚的适用,从根本上说也就是对某种危害行为国家是否有发动刑罚权的必要性问题。笔者认为,分析刑罚权的发

---

① 参见陈兴良《刑法哲学》,中国政法大学出版社1992年版,第7—8页。

动问题，应当把握以下三个原则：（1）刑罚的动用是否具有迫切性；（2）发动刑罚是否有可能；（3）刑罚的发动是否有效果。以上三个原则都关涉着刑罚本身的特征，下文将具体分析这三个原则。

一 刑罚的动用是否具有迫切性

刑罚权的发动是否必要的问题，与国家治理社会的方式及采取的政策密切相关。如果执政者将刑罚作为维护社会秩序，保障社会安全的主要手段甚至是唯一手段，那么任何危害社会的行为都将受到刑罚的规制，刑罚也会渗入到社会生活的各个领域，成为一种较为普遍的现象。比如，上文所阐述的古代中外的刑罚都具有这样的特征，并存在着重刑主义的偏向。但是，这种刑罚权的发动方式是与现代社会用刑轻缓的观念相违背的。

在法治社会的建设成为世界主流趋势的大背景下，各个国家的法律体系都规定有严厉程度不同的制裁体系，既包括法律制裁的方式也包括非法律制裁的方式，而法律制裁的方式又包括有经济制裁方式、承担民事后果或者行政制裁方式等多种不同的方式。发动刑罚进行规制只是所有制裁方式中的一种，而又因其本身所具有的严厉性特征而被规定为法律上的最后救济手段。危害社会的行为种类繁多，刑罚不可能对所有危害社会利益的行为都加以惩罚，所有的社会关系也不可能都会纳入刑法的调整范围之内。

因此，现代法治国家在治理社会的过程中，要综合利用各种不同的社会调控方式来保护不同价值的社会利益关系。刑罚权的发动也只能针对少数严重危害社会的行为，保护部分最重要的利益，而不能过多地干涉社会生活，不利于对人权保障。在这个方面，各国的学者已经取得了共识。日本著名的刑法学者大塚仁认为刑法具有补充性，"如果某个问题可以用其他法律来很好的解决，那么就不能在刑法中给予处罚，刑法具有第二次的性质"。[①] 德国著名的刑法学者耶赛克也曾指出，为了在一般人的思想上维护刑罚的严肃性，刑事政策要求必须将纳入刑法规制的行为范围限制在维护社会公共安全秩序所必需的最低范围之内，以避

[①] ［日］大塚仁：《犯罪论的基本问题》，冯军译，中国政法大学出版社1993年版，第14—15页。

免将不需要纳入刑法调整范围的行为规定为犯罪。① 我国也有刑法学者提出了刑法的最低干预原则。根据刑罚本身所具有的严厉性和补充性的特征，刑罚的动用必须符合如下几个条件：（1）行为必须具有严重的社会危害性并且侵犯的利益是社会上比较重要的利益，比如国家安全、人身自由、身体健康等等；（2）这种行为适用其他法律不能得到有效规制，不能消除其产生的严重的社会危害，同类行为的发生也不能被有效地预防；（3）这种危害行为普遍为社会大众所不能忍受，且对社会没有任何益处，惩罚该类行为并不会影响其他有益于社会的行为。

但是，对于刑法应该保护哪些利益及不应该保护哪些利益的问题，还有什么利益是社会的重要利益问题，都与犯罪的本质问题密切相关。在德、日刑法学界，法益侵害说是具有代表性的学说，多数学者认为犯罪是侵害法益的行为而不是损害社会伦理秩序的行为。我国的刑法学通说也将社会危害性作为犯罪的本质特征，从刑法第 13 条对犯罪概念的规定及刑法分则各章的分布规定来看，划入刑法保护范围的法益种类还是比较宽泛的。

有些在国家整体利益中处于重要地位的利益，必须发动刑罚进行规制，比如：涉及公共安全、国家安危、领土主权、公民生命及健康、人身自由等的利益。对于侵犯这些重要利益的行为，仅仅使用行政制裁、经济制裁或者民事制裁等手段是不能消除其所产生的危险性的，必须发动刑罚才能有效规制。但是，有些利益是否需要动用刑罚来保护就需要仔细思考，比如：涉及风化的有关行为、一般的影响社会治安的行为、政府对市场经济的普通的管理行为等。这些行为无需纳入刑法的保护范围，动用刑罚来规制，只需使用其他的法律手段，比如：经济制裁、行政制裁等，即可得到调整。比如，我国刑法中规定的传授犯罪方法罪、伪造普通发票罪、寻衅滋事罪等，就需要考虑其设置的必要性或者严格限制其成立的范围。

在建设和谐社会的语境下，应该确立其他法律对法益优先保护的原则，而将刑罚作为最后的制裁手段。对于重要的法益应该是刑法保护的

---

① ［德］汉斯·海因里希·耶赛克、托马斯·魏根特：《德国刑法教科书》，徐久生译，中国法制出版社 2001 年版，第 66—68 页。

范围，比如，有关国家安全、社会稳定、经济秩序、公民生命和健康等等方面的法益。针对目前社会各界提出的将一些行为入罪的建议，立法机关应该进行仔细的辨别，不能将一般的民事法律就可以解决的民事纠纷纳入刑法的调整范围，违背刑法作为最后制裁手段的特性。对于违反一般的社会治安秩序或者道德标准的行为，比如通奸行为、吸毒行为等，没有达到用刑罚进行规制的严重程度，如果将其入罪显然是不具有合理性和正当性的。刑法如果不加甄别地对各种利益进行保护，不仅会影响刑法所具有的威慑力，而且会影响其他法律发挥调整社会关系的功能，造成各个法律之间对社会关系调整的交叉混乱的局面，从而影响到整个法律资源的分配、法律体系内部的协调。

是否需要动用刑罚来规制，有两种因素需要考虑：第一，行为侵害的社会利益是否达到了需要动用刑罚保护的程度；第二，行为造成的危害性程度的轻重，衡量行为的危害性程度的指标包括，危害行为的特征、产生的危害结果、行为人的主观恶性等。某种行为是否需要动用刑罚进行规制，应该综合各方面因素考量。一般情况下，行为造成越严重的客观危害，对行为人的主观恶性方面的要求就越小；行为侵害的社会利益越重要，对其造成的客观危害的要求就越少。

刑法在将不太重要的社会利益纳入保护范围的时候，应该提高入罪的门槛，对行为的危害性程度要求提高。入罪的标准应该根据行为所侵犯的社会利益的重要性、行为人的主观恶性及行为所造成的客观危害来决定。比如，《刑法修正案（八）》将醉酒驾驶行为及追逐竞驶行为规定为危险驾驶罪的两种危险驾驶行为，在将危险驾驶行为入罪前，社会各界都曾进行过激烈的讨论，有反对的意见也有赞成的意见。[1]

反对者的意见认为，酒后驾驶行为和追逐竞驶也称飙车行为等应该属于违反治安管理的行为，由治安管理处罚法来规范就可以。单独将这两种行为剥离规定为犯罪予以刑罚处罚，而将其他行为仍然规定为违反治安管理的行为予以治安处罚，会造成两者之间的不协调。我国的治安管理处罚法规范的行为在国外基本上都属于轻微的犯罪行为，因为我国

---

[1] 参见黄太云《〈刑法修正案（八）〉解读二》，参见京师刑事法治网（http://www.criminallawbnu.cn/criminal/info/showpage.asp?ProgramID=&pkID=32286&keyword=%BB%C6%CC%AB%D4%C6)。

刑法规定的犯罪概念与西方国家的犯罪概念不一样，我国的犯罪概念中既有质的规定也有量的规定。将醉驾与飙车行为都作为犯罪来处理，其所耗费的刑事司法资源远远高于行政处罚，因为案件进入刑事诉讼程序，经过立案侦查、审查起诉、一审二审程序，有些甚至经过申诉、再审等程序，需要花费大量的人力、物力和财力资源。即使是刑事诉讼的简易程序，其成本也要高于行政处罚。在立法过程中需要考虑刑事司法资源的合理分配问题，集中力量打击严厉的犯罪行为。另外，对危险驾驶罪规定的法定刑是六个月的拘役并处罚金，而每年因酒驾被定罪的人数不会少，这部分人被贴上犯罪标签后，重返社会后社会的安置工作又成为问题。综合各方面因素看，将酒驾与飙车行为入罪，弊大于利，建议对道路交通法进行修改，在这些行为未造成交通事故的情况下，加重行政处罚就可以达到规制的目的。

支持者的意见认为，应该以社会危害性的轻重程度作为行为是否入罪的标准。酒驾行为发生的频率较高，而且经常会造成重大的人员伤亡事故，对公民的生命健康造成了较大的隐患，社会上要求将酒驾入罪的呼声也越来越强烈，这些也从另一方面证明了行政制裁不足以有效地规制酒驾行为。将酒驾与飙车行为入罪充分地体现了民意的要求，也反映了社会对醉驾和飙车行为的零容忍的态度及国家以人为本、关注民生的理念。

据公安部交管局统计，到 2018 年底，全国机动车保有量为 3.25 亿辆，其中汽车 2.27 亿辆，全国机动车驾驶人达 4.07 亿人。随着经济的发展和人们生活条件的提高，汽车逐渐成为人们的代步工具，汽车的保有量每年都在大幅度增长，尤其是一些经济发达的地区。伴随着汽车的增加，违法驾驶导致的道路交通事故大量增加，特别是酒后驾车和飙车行为所引发的重大的人员伤亡事故，引起了人们的普遍关注。最近几年，社会各界包括人大代表、专家学者和人民群众都多次提出，酒后驾车行为和飙车行为具有严重的社会危害性，极易引起重大的人员伤亡及财产损失事故，这些行为造成的危害性大大高于其他一般的道路交通法规范的行为。鉴于酒后驾车行为和飙车行为可能造成的重大危险，也为了合理地防范控制风险，立法者将危险驾驶罪作为抽象危险犯来规定。危险驾驶罪既不以行为发生侵害公共安全的具体危险为要件，也不以行为造成人员伤亡的严重结果为要件，其行为本身就包含了某种危险发生的可能性，只要是实施了危险驾驶行为，就认为存在危险即构成危险驾驶罪。《刑法修正案（八）》将醉酒驾车行为以及追逐竞驶行为规定为犯罪，符合社会发展对危险控制的需要。

从各国的立法经验及当前的社会发展趋势来看，对于关系到社会公众生命、健康等重大权利的危害行为发生的机率越来越大，由此产生的影响也越来越严重，因此，有必要增加危险犯的规定，以利于更好地发挥刑法保护公民基本权利的重要作用。但是，并不是对所有的犯罪行为，刑法都需要提前介入的时间，对于危险犯的设置问题应该仔细研究。

在考虑行为的危害性程度轻重的时候，应该综合各方面因素考虑该行为是否为公众所容忍。在缺乏严重的刑事危害性条件下动用刑罚削弱了刑法的权威，失去了刑事责任的特殊性。主要表现在：将刑事制裁手段用于道德中立的行为，刑法应该规制的是具有犯罪性的行为。但是什么行为是道德中立的行为？什么行为符合刑法条文规定的描述？理解刑法中的道德中立的行为，必须关注道德内容元素。有三个经常交叉的元素值得注意，第一个是行为人的有罪性或者可责性，这部分要求有罪过或者犯罪意图及缺乏抗辩事由，关注严格责任及公益犯罪是过度犯罪化的批评者以此为理由反对。第二个是行为的社会危害性及结果，这个因素反映了犯罪行为引起的损害程度，反对将轻微违法行为规定为犯罪的批评者关注此理由。第三个是行为的道德不法性，如果被规定为犯罪的行为被社会上大多数人认为是不道德的或者违反了道德规范的行为。

刑法与社会的道德观念间的联系，当我们认为一个人是有罪的或者一个行为是错误的，有害的，意思是，至少在这个方面社会达成了共识认为这个人是有罪的或者这个行为是有害的。哈特认为，刑事制裁的对象应该是社会谴责的对象，只有这样才是合理的。[①]

随着社会的变迁，道德观念也随着变化，当代人认为的道德上的不正当行为或者社会危害性行为往往与上一代人或者下一代人有差别。正如刑法规定的犯罪行为反映公众的道德标准一样，公众的道德标准也被

---

① H. L. A Hart, *Punishment and Responsibility*, Oxford: Clarendon Press, 1968, p. 57.

刑法规定的犯罪行为所影响。两者相互影响。违反遵守法律的义务，人们是否有道德义务遵守法律？及这些道德义务是什么？柏拉图及霍布斯认为，人们有完全的义务遵守法律，而现代的观点认为，如果人们有遵守法律的道德义务那么也只是有限的义务遵守公正的法律，这种有限的义务的根据是四个：社会契约或承诺，平等对待，功利主义和自然法则或者互惠性。

自从洛克以来，关于人们为什么有义务遵守法律的最普遍的观点是社会契约理论——人们有义务遵守法律是因为人们以某种方式同意承诺遵守政府的决定。政府从这种承诺中获得权力，人们有义务遵守政府在权力范围内的决定。根据这种解释，人们遵守法律的义务建立在自愿承诺的基础之上：义务来源于承诺。平等理论起源于哈特，由罗尔斯及其他人发展起来，试图回应社会契约理论的不足。

不同于社会契约理论，平等理论的前提不是人们承诺遵守法律，而是人们选择从政府获得福利，也有同样的义务保证其他人平等地获得福利，这个义务包括遵守法律。违反法律的人通过不公平地剥夺其他遵守法律的人的福利违背了他们的义务。正如社会契约理论，平等理论作为解释人们为什么遵守法律的根据也是不充足的。平等理论与约定的义务理论类似，其理论根据是有问题的：人们经常自愿地接受政府给予的福利。在此，笔者不作过多的论述，下文主要对缺乏道德谴责内容的犯罪类型作一些分析。

缺乏道德谴责内容的犯罪类型有，第一类：罪过的缺乏，公共福利犯罪及严格责任犯罪；第二类：社会危害性的缺乏，轻微违法行为；第三类：不法性的缺乏，法定犯（mala prohibita）及经济犯罪。

传统理论将犯罪行为分为两类：行为本身即不法，被法律规定的不法行为。传统理论不正确地解读了法律规定的不法行为，很难发现一种行为本身不具有不法性而仅仅因为法律规定其为不法。许多犯罪具备这两个特征。一个行为在道德上被评价为错的因为是法律禁止的行为，一个行为具有社会危害性也因为违反了法律的规定，法律也解释了什么是社会危害性的行为。

如何及何时不遵守成文法规定的行为时，其本身提供了刑法要求的道德谴责性。首先，提供了两个原则，承诺违反原则及欺骗原则——违反了道德内容，违反了法律规定的不法行为。其次，即使违反法律的类型不属于这两类的规定，经验证明也会产生反应性的情绪，比如，罪恶感、遗憾感、愤恨感等，也表示了道德的内容。第三，许多实证研究证明人们遵守法律的主要原因是他们认为违反法律规定的行为对其他人是不道德的，即使是法律规定的违法行为的情况。

综上所述，对于利害关系很难断定的行为，或者利害兼而有之的行为，且根据社会上的一般观念这些行为不必要作为犯罪处理，就不能将这些行为规定为犯罪。现代倡导的刑法轻缓化要求，刑法在将新的违法行为进行必要的犯罪化时，也将不再具有社会危害性的行为排除出犯罪圈，以顺应社会发展的大趋势。比如，随着科技的进步，对于将克隆技术运用于人体器官的研究这种行为，到目前还不能判断其到底是弊大于利还是利大于弊，原因是这项技术的运用很有可能在难以治愈的疾病的控制和治疗方面产生重大的影响。所以，如果其他的法律能够很有效地规范这些技术的应用，充分地发挥其效用，限制其弊端，那么就无需发动刑罚进行规制。

在风险无处不在的现代社会，不能发动刑罚来规制存在一般的风险但总体上对社会的发展益处更多的行为，不然不仅会削弱刑法的威慑力也不利于科技的进步和社会的发展。在将某种行为规定为犯罪之前，不仅要评价行为所具有的社会危害性程度之外，还要评价该行为是否具有发生的经常性及其产生的社会影响性。

如果某种行为的社会危害性比较大，但是只是偶尔发生并不具有常态性也不具有恶劣的社会影响性，则不需要将该种行为规定为犯罪。因为，在实践中偶尔出现的个别情况，不会发展成普遍的具有较大影响性的常态现象，对整个社会的秩序也不会产生比较严重的危害性，所以，没有必要动用刑罚权，既造成司法资源的浪费又不利于对公民人权的保护。对于这些偶尔出现的个案情形，如果同时符合其他犯罪构成要件的，可以以其他已有的罪名来处罚而不需要设置新的罪名可以达到同样的法律效果。

当前我国正处于经济大发展时期，在经济体制转型过程中出现了一些新问题、新现象，导致了国家对某些领域的调控力在一定程度上削弱，从而引发了一些违反社会秩序的行为。但是这些行为只是社会特定发展阶段的产物，其产生并不是偶然的而是具有一定的必然性。伴随着经济体制改革转型的完成，国家宏观调控的完善，这类在特定发展阶段必然出现的违反秩序的行为会逐渐减少并且消失。

因此，对于在特定社会发展阶段出现的一些不具有常态性的违反社会秩序的行为，必须综合考虑多种因素，通过社会政策调整或者其他法律规范（行政法、经济法等）进行合理的调控，没有必要一律发动刑罚权进行规制。国家在决定是否发动刑罚权及发动刑罚权有无迫切性时，要根据行为所具有的社会危害性、行为人的主观恶性及行为所损害的社会关系的性质综合衡量。

二　发动刑罚是否有可能

刑罚是所有制裁手段中最为严厉的，是法律上的最后一道防线，因而刑罚权的发动也不是随意的、任意的，需要受到多种因素的影响，而这些因素的完全具备也是极其复杂的。刑罚权的发动是否具有可能性是对行为是否构成犯罪的限制条件。

一般来说，立法机关在犯罪的设定过程中所要考虑的重要问题是，国家共有多少司法资源可以投入到刑罚适用中去。如上文所述，刑罚权的内容包括刑罚的制定、刑罚的裁量和刑罚的执行，这一系列的活动构成了整个刑事法治体系。刑罚的制定权是立法机关的特有职能，立法机关如果将一系列的行为在刑法中明确规定为犯罪，那么掌握有刑罚的裁量权的司法机关就应该依据刑法当中关于犯罪构成要件的规定将相应的犯罪定罪处罚。拥有刑罚执行权的行刑机关应该根据司法机关的裁量认真地执行刑罚，以达到有罪必罚的效果。

但是，在整个刑事司法体系中，刑罚的制定、刑罚的裁量和刑罚的执行需要很多司法资源的投入，需要有立法机关、司法机关（公安机关、检察机关、审判机关）、行刑机关，也必须给这些特定机关相应的配置专业人员、设备、完备的办案条件等。伴随着社会主义法治建设的日益完善及国际社会对人权保障的不断加强，对刑事诉讼中的各种程序所提出的要求也越来越严格，相应地，也必然会增加国家对刑事司法资源的投入。但是，从总体上来说，资源的有限性决定了国家对刑事司法资源的投入不可能是毫无限制的，而刑事司法资源的有限性又说明了司法机关所能够处理的刑事案件在数量上也是有限制的,即刑事司法机关没有足够的资源来处理所有的案件。这也说明了刑事司法资源的投入量反过来决定着司法机关能够处理的犯罪的数量。从这个方面可以看出,假若立法机关在规定犯罪种类和决定入罪标准时,不考虑刑事司法资源的有限性,随意增加犯罪的种类,增设多种犯罪构成要件,就会产生规定了的刑法条文但得不到适用的现象,影响刑法的威慑力。

在司法实践当中考察当前我国刑法条文的规定情况可以看出,有些刑法条文的规定确实很少能够得到适用,有些条文甚至一直被虚置着。综合来看,有以下几种情形:

第一,符合刑法条文规定的犯罪行为的数量在司法实践当中发生的机率并不小,也可能大量存在,但是因为种种因素的存在使案件不容易被发现,从而能够进入到司法程序的案件数量也是微乎其微。出现这种情况的原因可能是多方面的,一方面由于案件本身的性质致使其难以被及时的发现,另一方面也由于刑事司法资源的有限性决定了案件不能得到有效的处理。从司法实践来看,后一种原因占主导地位,司法机关因为人力、物力等办案条件的缺乏而致使一些案件不能得到有效的审判,从而产生了所谓的"犯罪黑数"的说法。尽管对于犯罪黑数的统计难以完成,但是这种现象产生的影响人们还是可以感知的。在日常生活中,很多人都被诈骗过,但是由于数额较少没有追究,但是对于诈骗的人来说,被诈骗的人数越多其诈骗的金额总数是相当大的,而司法机关要追究就需要将很多素不相识的分布在全国各地的人聚集起来,这就需要大量的刑事司法资源。再有,大部分人都买过假货,但是司法机关每年办理的生产、销售伪劣产品方面的案件数量并不多。另外,在贪污贿赂方面的犯罪,司法机关的处理也存在不足的地方,如果给司法机关配备充足的司法资源,反贪工作的成效应该更大。司法机关受到人力、财力、物力等方面的限制,不能够真正独立,因而在查处和办理案件过程中受到诸多的限制。由此可见,在目前司法机关能力有限的情况下,其可以按照刑法办理的案件数量也不是没有限制的。在这种情况下,如果立法机关不断地扩大犯罪圈的范围,那么司法机关的负担将会越来越重,而如果紧缺的司法资源又得不到及时地填补,那么必然会导致一些法条被规定了但是在司法实践中不能得到适用的结果。

第二，虽然刑法明文规定了某些种类的犯罪行为，但是在司法实践当中鲜有类似的案件发生。比如，扰乱无线电管理秩序罪、故意延误投递邮件罪、商检失职罪、动植物检疫失职罪等等。虽然这些种类的法条在司法实践当中很少得到适用，但如果为了维护社会秩序的需要确实有存在的必要，且一旦有类似行为发生就能够得到及时迅速地处理，鉴于这样的考虑也可以将其规定在刑法当中以预防类似行为的发生。但是，随着社会的发展和科技的进步，如果这些行为再没有规定的必要了，则应该及时的取消，以避免出现虚设刑法条文的现象。

从上面的分析可以得出，第一种情况比第二种情况所造成的影响要大，因为第一种情形产生的前提是相应案件发生了，但是由于司法资源的有限性而使刑法明文规定的法条却得不到适用，容易造成有法却不能遵守的局面。这种情况会带来极大的负面影响：一方面，造成有法不依的结果，使违法者不能得到应有的法律制裁，从而助长了违法行为的大量出现，大大削弱了刑法的威慑力；另一方面，容易造成相同的犯罪行为但处理的结果却大相径庭的结果，有些犯罪人被司法机关依法定罪处罚了，而有些犯罪人则没有受到法律的追究，不仅违背了法律面前人人平等的宪法原则，也会导致司法机关在司法活动中任意地适用法律，从而使司法机关的权威性大大削弱。

一般来说，有法不依对法治社会带来的负面影响要比无法可依对法治建设产生的影响严重得多，因为有法不依是对法律的践踏，是任何一个真正的法治社会所不允许的。虽然在任何一个社会里都会存在着犯罪隐患，但是人为地造成有法不依的局面还是应该避免的。

有种观点认为，规定法定犯的刑法条文即使在司法实践当中得不到适用也应该保留，因为能够起到一般预防的作用。笔者认为，刑法条文之所以能够起到一般预防的作用，主要是因为这些法律条文中所包含的法律后果的内容能够起到一定程度的威慑作用。但是，如果法律条文的规定只是一种摆设，在具体的司法实践当中一直都没有得到过实现，那么这样的法律条文无异于一纸空文，根本不会产生一般预防的效果。仅仅为了达到一般预防的效果而空设一些刑法条文的规定，任意地划定罪名，这种作法是极其不可取的。韩忠谟教授曾总结道，如立法者惟社会功利是尚，刑禁出诸便宜，则法令滋彰，名存实亡，尚何功利之可言。① 综上所述，立法机关在设定犯罪圈，规定刑法条文的过程中，应该依据刑事司法资源的投入程度来衡量，以尽量避免出现虚设刑法条文的现象，也便于集中有限的司法资源打击严厉的犯罪行为。另外，在决定对某种行为是否发动刑罚权时，还要考虑将该种行为规定为犯罪之后在司法实践中是否具有现实的可行性，以更好地发挥刑法的威慑作用。

三 刑罚的发动是否有效果

判断是否有必要发动刑罚权，必须将发动刑罚后可能产生的效果同时考虑进去。也就是说，刑罚资源的投入总量与刑罚可能产生的效果应该成正比。当前我国正处于经济体制改革转型的重要时期，社会主义法治建设也正在完善，因此，应该重视社会成本的投入与所产生的社会效益之间的比例关系，尽量在节约社会成本的基础上使社会效益最大化。在考虑刑罚的发动是否有效果的问题时，应该将发动刑罚所可能产生的正面影响及可能造成的负面作用同时考虑进去。一般来说，应注意以下几方面的问题。

第一，将犯罪圈划定的越大，那么所产生的结果是被定罪量刑的人数可能越多，这不仅需要大量的刑事司法资源的投入，也会造成社会上不稳定因素的增加。因为，被贴上犯罪人的标签后，待其服刑完毕重返社会后，会受到社会的排斥，很难再就业，那么就会成为社会的不稳定因素。如果立法机关在立法时将犯罪圈规定的太大，那么势必会造成服刑人员的增多，而关于服刑人员重返社会的保障工作还有待进一步加强，大量的服完刑期的人员重返社会可能会增加社会的不稳定因素。因此，如果这种情况得不到控制，对整个社会秩序的稳定和社会经济的发展都是一种强大的威胁。根据最高人民法院发布的数据，仅 2014 年全国法院审结的刑事一审案件就达到 1023017 件，而且其中大多数犯罪人是被判处刑罚的。比照前几年发布的数据，每年法院审结的刑事案件的数量都呈现逐年增加的趋势。因此，立法机关在设定犯罪圈时应该综合考虑各方面的因素，不能一味地扩大处罚的范围，同时完善服刑人员回

---

① 参见韩忠谟《刑法原理》，中国政法大学出版社 2002 年版，第 53 页。

归社会后的各项政策措施，给他们提供更多的职业培训和就业机会，以更好地维护社会秩序，促进和谐社会的建设。

第二，给犯罪人定罪判刑，尤其是判处剥夺自由的刑罚，不仅会影响其原来作为社会人可以做的利用自己的技能为社会提供服务、创造价值的机会，而且也会影响其服刑完毕重返社会的状态。这个双重的影响不管是对个人、家庭，乃至整个社会来说都是一种损失。另外，有些人被定罪处刑后，所产生的不利后果往往是由其他社会成员来共同分担的，这种情况下，对行为人判处刑罚会影响到其他的社会成员。比如，被判处刑罚的人承担着家庭的主要供养责任，或者担负着某个单位的主要领导责任，在其被判刑之后，其家庭成员或者单位员工的利益会受到直接的损害，可能还有些间接受到影响的人（债权人、有业务往来的人以及其他利害关系人等等）。同时，被害人所受到的利益损失可能也得不到应有的赔偿。

第三，刑事法网越严密，公民可以自由活动的空间就相应地越少，在某种行为被规定为犯罪后，不仅类似的行为被禁止了，而且社会成员在该领域也承担了相应的义务。因此，从某种程度上来说，立法机关划定的犯罪圈越大，规定为犯罪的行为越多，相应地，公民所负担的注意义务也越繁多，被限制自由的领域就越大。过密的刑事法网可能在短时期内确实可以起到使犯罪减少的作用，但是，从整个国际社会的发展趋势来看，刑事法网过密会使整个社会的发展丧失动力，也可能导致出现停滞不前的状况。另外，过于严密的刑事法网也会构成对公民自由的限制，不利于对公民人权的保障。刑罚作为法律的最后一道防线，非其他法律不能调整外不可随意发动。

第四，立法机关在对未成年人划定犯罪圈时，应该考虑到未成年人服刑完毕重新踏入社会后在知识和技能方面的培养，对未成年人的成长应当给予必要的关注。

综上所述，国家在决定是否发动刑罚权时，除了考虑是否有动用刑罚的迫切性及动用刑罚是否有可能性外，还要考虑动用刑罚所产生的效果。在衡量发动刑罚的效果时，应该综合考虑将某种行为作为犯罪处理之后，其给社会带来的益处是不是足以折抵刑罚将会带来的各种负面作用。经过这样的仔细分析之后，如果仍然决定发动刑罚权，那么则发动刑罚的条件才算具备了，立法机关才可将其规定为犯罪，司法机关根据罪刑法定的原则进行定罪处刑。经过分析之后，如果不能满足这些原则，则说明发动刑罚的条件尚不完全具备，可以适用其他法律进行调整。

国家的决定动用刑罚权时，应该综合考虑以上几方面的因素，合理地划定犯罪圈，设定犯罪与刑罚。当然，随着现代社会的发展和科学技术的进步，新的犯罪类型不断出现，也不能一概否定犯罪化，必要的犯罪化还是有利于社会的发展的，但是不能过度，要进行合理地犯罪化，掌握划定犯罪圈范围的必要的度。与此同时，在犯罪化的过程中，也应注意进行必要的非犯罪化的处理，犯罪化的过程与非犯罪化的过程两者之间并不矛盾。为了更好地维护社会的发展，适当增加新的罪名实属必须，但是，对于无需保留的罪名或者确实没有处罚的必要的犯罪行为，应该予以废除，这样才能更好地发挥刑法的作用。犯罪是社会的固有疾病，是多方面因素综合作用的结果，因此，刑罚制裁并不是消除犯罪的终极手段，一味的扩大犯罪圈的范围是盲目的，应该在合理地进行犯罪化的同时也进行非犯罪化的过程，以更好地促进和谐社会的建设。

第四章

刑罚权的限制

第一节 刑罚权限制的原因

刑罚权从本质上来说是一种典型的公权力,是在国家产生之后才出现的。随着成文法的制定颁布,刑罚权的内容和功效被进一步地明确规定了,所不同的仅仅是在国家的不同发展时期,其被赋予了不同的使命而已。但是,一般来讲,刑罚惩罚的是具有严重的社会危害性并且构成犯罪的行为,在所有的制裁方式中,刑罚是一种最严厉的制裁方式,可以剥夺公民的自由甚至生命。

不管处在社会发展的何种时期的刑罚权,一般都具有如下一些共性:

第一,归根结底,刑罚权是一种具有惩罚性质的权力,是一种能够产生痛苦性的权力,这是刑罚本身所具有的特性,如果刑罚不具有这样的特性,刑罚本身就失去了强制力,刑法的威慑力也就无从谈起。因此,刑罚权与生俱来的特性是不变的,只是随着社会的进步及人权保障运动的加强,在发动刑罚权的过程中更加注重对犯罪人和被害人权利的保护,更加关注刑罚权的理性运作,以体现人道主义精神及人本主义的理念。

第二,刑罚权在本质上是一种公权力,具有极强的张弛性和特殊性,刑罚权所具有的公权力属性决定了其可能存在被滥用的风险。一旦刑罚权被滥用,可能给刑罚权的发动者带来不可估量的物质利益,这也是古往今来权力一直充满诱惑力的重要原因。但是,刑罚权如果被滥用,公民的自由和生命就得不到合理的保障。因此,从公民权利保障的角度出发,国家有必要适当抑制刑罚权的发动,以保障其在合理必要的限度内。

刑罚权作为公权力，具有强制性，而强制性行为的含义有两种：一种是不服从命令的后果是受到惩罚，而这个命令是权力机关下达的；另一种含义是，采用物理性强制力使个人完成某种行为，或者限制，指导其行为，而能否采取这种强制力取决于是否有前期的规定。当命令是由政府官员根据宪法的授权发出时，这种命令是法律或者规章，威胁是制裁，实现威胁的一种表现是刑事处罚。当命令者是没有得到授权的私人时，这种命令是没有效力的命令，威胁是攻击，威胁的实现方式是一连串地包括强制监禁，伤害甚至谋杀等的行为，所有这些行为从宣称合法强制的政治体的立场来看都是违法的。

刑事处罚是政治体根据既有法律规定的应受处罚的行为类型对行为作出的反应。应受处罚的行为是指行为应受到司法处罚。合法强制区别于私力强制的根本点是，其采取强制性行为的目的是为了服务于公共利益。公共利益是指国家的所有国民所享有的利益，而私人利益是指少数或者部分国民所享有的利益。以公共利益为目的来界定强制行为的合法性在某种程度上还不足以将合法强制与私力强制区分开。还必须具备法律上的授权并且程度必须在保护公共利益的合理限度内。

然而，以公共利益为区分的标准又是必不可少的，因为，为了公共利益而实施的强制是唯一能让所有的人包括被强制的对象所承认的。为了私人利益对其他人实施任意的强制，其强制理由及方式是不被被强制对象认可的，而不管被强制对象是少数人还是多数人。

公共利益可能偶发性地被共享也可能必然地被共享。偶发性地共享共同的利益是指个人都不约而同地享有，必然性享有共同利益指人之为人所应有的基本权利。偶发性共享利益的基础强制力存在的问题是，不具有权威性。任何故意违法者仅仅通过背离这种利益就可以否定其权威性。

因此，以公共利益为基础的强制力被认为是正当的前提是，公共利益是必然性享有的公共利益，即所有具有共同特性的主体必然享有的。这种公共利益是一种公共理性，因为其是通过理性归纳的利益而不是从行为中推断出来或者是在报告中总结出来的。同时也因为它是一种基本的理性或者说是由人组成的政治社会运行的目的。公共理性的概念很抽象,至今仍缺乏具体的内容。但公共理性的含义及政治体运行的目的被很多学者详细阐述了,在本书中作者不作详细论述。

很明显,刑罚权作为一种具有强制力的公权力,其发动的正当性前提是为了保护人之为人所应享有的基本权利,即刑罚权发动的基础是为了维护人们所必然享有的公共利益,只有以此为基础,刑罚权的强制力才被认为是正当的。具有强制性属性的刑罚权所带来的痛苦性是刑罚权具有张弛性和特殊性的基础和前提。

刑罚权如果丧失了痛苦性,其所具有的威慑力就会大大减弱,张弛性和特殊性也就无从谈起,那么,国家也就不能借助刑罚权对公共利益进行必要的保障。因此,既要保持刑罚权的痛苦性属性又要削弱其所具有的张弛性和特殊性,就需要对刑罚权进行适当的限制。确立罪刑法定原则的主要目的是为了防止刑罚权被滥用,对刑罚权的发动进行必要的限制,以更好地促进对人权的保障。

博登海默在其著作中曾经提到:罪刑法定主义的重要内容是,刑法的对象是国家,刑法规范针对的对象也是国家;虽然从表现形式上看,刑法规范的是犯罪行为及其刑罚;刑事法律遏制的是国家,而不是犯罪人;离开了刑法的对象是国家这一认识,刑法自然就成为了国家对付犯罪的工具。[①] 由此可见,随着人权保障意识的加强,刑罚权的对象从犯罪人转向了国家,这不仅使得控制刑罚权的发动成为了可能,也使抑制刑罚权的发动成为了必须。

合理地发动刑罚权,可以有效地维护社会的秩序和公民的合法权益,充分发挥刑法对社会的保护调整作用,促进安定和谐的社会环境的建设。但是,如果不合理的发动刑罚权,不仅会严重侵犯公民的基本权利,也会耗费巨大的刑事司法资源,因为刑罚权本身所具有的严厉性以及刑罚权的发动成本是极其昂贵的。

从某种意义上来说,刑罚就是一柄双刃剑,不仅可以发挥控制社会疾病的作用,而且可以剥夺行为人的自由甚至生命。但是,过于严苛或者酷滥的刑罚,虽然可能在短时期内对犯罪具有一定的控制作用,从长远来看,其只不过是统治者施行暴政的工具或者说手段而已。由此可

---

① [美]博登海默:《法理学、法律哲学与法律方法》,邓正来译,中国政法大学出版社2004年版,第60页。

见，有必要对刑罚权的发动进行合理的限制，以减少其可能产生的负面作用，充分地发挥其保障社会的功能，这也是建设法治社会的应有之义。

一 刑罚过剩势必偏废刑罚的人权保障功能

法治国家是法与治的有机结合，在法治国家仅仅有制定的成文法律是远远不够的，治也发挥着关键的作用，要使制定法有效地发挥作用，必须用法律来治理。我国社会主义法制原则的完整表述就是，有法可依，有法必依，执法必严，违法必究。法律之治的实现问题是法治的关键，可见，法治的实现关键在于执法而不在于立法。法治要实现由法到治的过程，需要执法者严格地按照法律秉公办事，以维护社会主义法制的尊严。

在法治社会，法律通过两种形式发挥作用：一是国家通过制定法律规范，设立基本的行为准则，将法律作为维护社会秩序的工具；二是公民依据法律的规定维护自身的合法权利，通过诉讼来制止他人对自己合法权益的侵害，将法律当作维护自身权益，实现社会正义的工具。从理论上来看，这两种形式是基本上一致的，但是在具体的实践中往往会发生冲突。尤其是"权"或"官"以国家权力的面目超越法律之上，而剥夺了公民的权利。[1]

法国启蒙思想家孟德斯鸠就曾概括地总结，对人类的治理无需使用极端的方法，应该谨慎地运用我们所拥有的领导人类的方式。法治国家在进行社会管理的过程中，应该在限制国家权力的同时，致力于保障公民的自由和权利为首要任务，以真正实现人本主义的理念。刑罚权并不是国家所借助的管理社会的唯一手段，刑罚权带有的痛苦性、强制性和扩张性属性充分说明了，国家在发动刑罚权时应当仔细斟酌、权衡。

随着科技的进步、经济的发展及人类文明程度的飞速提高，法律并不是国家用以调控和管理社会的唯一手段。国家管理社会的方式是多样化的，仅法律来说也并非刑事法律一种，还包括经济、民商、行政等多种方法。刑事法律是国家在治理社会中的最后一道防线，刑事法律的适

---

[1] 参见强世功《惩罚与法治》，法律出版社2009年版，第89页。

用受到多方面因素的制约,包括特定时期的刑事政策、司法资源的投入量、人权保障的理念、刑罚的轻缓化理念等等,因此,非迫不得已不能发动刑罚权。

在倡导刑罚轻缓化的当代,刑罚体现的人道主义以及人文关怀已经使刑罚权的功能发生了重要的改变,从单一的打击惩罚犯罪转化为以保护国民的自由和保障人权为重点,同时对刑法的调整范围进行一定的限制,控制刑罚权发动的范围。随着法治建设的完善,人本主义理念的推行,应该严格控制刑罚权的发动范围,以充分地发挥刑罚的人权保障功能。

应当注意的是,控制刑罚权的发动并不意味着刑法在整个法律体系中的地位的下降,而是刑法更好地发挥人权保障功能的应有之义。刑法并不是社会调控的最佳手段,民权社会的发展需要多种社会调控方式,且主要是依靠非暴力的方式来促进矛盾或者冲突的缓和而不是主要依靠以暴制暴的方式。发动刑罚权的基本前提是,当社会的基本秩序及公民的生命、自由、健康等基本的权利受到严重侵害且其他手段都不能有效地发挥调整作用时,才可以适用刑罚,并且刑罚采取的方式应该尽量地宽缓,以体现刑罚的人道主义精神。刑罚的轻缓化是和谐社会语境中的应有之义,也是社会文明推进的应有表现,是对刑罚权进行的一次重要的洗礼。

依法治国有利于社会正义的实现,而刑事正义的实现又能更好地促进社会正义的实现。刑罚在维护和实现刑事正义的过程中发挥着关键性的作用,因此,实现社会正义也要求必要的限制刑罚权的发动范围。约翰·罗尔斯曾经指出:"正义是社会制度的首要价值,正像真理是思想体系的首要价值一样。"[1] 由此可见,正义是评价某种社会制度的首要标准,正义也是衡量某种行为或者某种社会制度是否具有正当性的重要根据。实际上,"正义肇始于对犯罪、惩罚和债务的简单而又易懂的规则。"[2] 这说明了刑罚是作为正义的化身存在的,就如同法律是正义的

---

[1] [美]约翰·罗尔斯:《正义论》,何怀宏等译,中国社会科学出版社1988年版,第1页。

[2] [美]德沃金:《法律帝国》,李常青等译,中国大百科全书出版社1996年版,第68页。

化身一样，刑罚也应当是对犯罪的公正反应。

刑罚在控制犯罪的过程中实现对刑事正义的维护，刑罚通过惩罚犯罪人使犯罪人得到报应，并且通过这种惩罚向社会上的其他人表明犯罪与刑罚之间的关系，从而对人们的行为具有一定的指导作用。刑事正义的实现有利于促进良好社会秩序的形成，促进社会基本价值的实现和维护。有学者说过，"正义本身就是一种秩序，确立正义就等于确立了秩序。"① 通过正义确立的社会秩序才是真正能使人们从内心信服的并且可以持久的社会秩序。而如果通过暴政强权强行维持的社会秩序，则是不能使人从内心真正服从的并且不能长久守护的社会秩序。总而言之，维护刑事正义是刑罚的基本功能。

刑罚的公正性表现在两个方面：第一，首先表现为实体法上的公正性。即刑法在规定犯罪与刑罚时应当严格按照罪刑法定的原则及罪责刑相适应的原则，给相同的罪判处严厉程度相当的刑罚，较轻的罪判处较轻的刑罚，严重的犯罪判处严厉的刑罚，做到罪刑相称与罪刑均衡。另外，实体法上的刑罚公正性还体现在适用刑罚上的平等性，也就是在适用刑罚面前人人平等，任何人不得因为任何情况而在刑罚的适用过程中享有特殊待遇，任何人在刑罚的适用中也不存在任何的实质区别；第二，体现为程序法意义上的公正性。实体法的公正性是程序公正的基础，程序法上的公正是实体法公正的有效保障。马克思曾经概括到：公正的法官不可能存在于立法者偏私的情况下，因为，既然法律都是自私自利的，那么大公无私的判决还有什么意义呢。② 程序公正要求通过法律规定科学的、不偏不倚的诉讼制度和程序，以保障被害人和被告人的合法权利。程序公正更要求执法者严格按照法律的规定对犯罪人定罪量刑，要求法官做到居中裁判，保持绝对中立的立场，并且不应该先入为主地对任何案件本身的事实及诉讼参与方进行猜测和主观评价，不应该私下与诉讼参与方会面，不得对任何诉讼参与方有偏见，并且要求法官回避与自己有利害关系的诉讼参与方的案件。实体公正与程序公正在实现刑事正义的过程中是密切联系，不可或缺的，通过程序公正实现的实体公正才能保障刑罚公正的贯彻落实。

---

① 翟中东：《刑罚问题的社会学思考：方法及运用》，法律出版社2010年版，第110页。
② 《马克思恩格斯全集》（第1卷），人民出版社1959年版，第177—178页。

在当代刑罚轻缓化的语境下，刑罚权不仅要发挥打击违法犯罪、惩罚犯罪者、控制严重危害社会破坏社会秩序的行为发生的功能，而且还担负着保障人权、维护社会秩序、促进社会公平正义的实现的重要责任，这也是和谐社会语境下刑罚权的应有之义。当然，这是以刑罚权建立在合理的限度上为基本前提的，如果刑罚权超越了合理的限度，不再成为公民权利的保护伞，而是任意侵犯公民权利的工具，那么刑事正义就无从谈起，正义也变成了非正义。

意大利刑法学家贝卡利亚在其《论犯罪与刑罚》一书中就曾经指出："一切额外的东西都是擅权，而不是公正，是杜撰而不是权利。如果刑罚超过了保护集存的公共利益这一需要，它本质上就是不公正的。刑罚越公正，君主为臣民所保留的安全就越神圣不可侵犯，留给臣民的自由就越多。"[①] 刑罚所具有的惩罚犯罪人与保障人权的双重特性决定了国家在发动刑罚权时应该慎重，因为，如果不加限制地发动刑罚权容易使得刑罚在发挥维护社会秩序、惩罚犯罪的作用的同时，也成为任意侵犯公民自身权利的工具。

正如有学者所言，刑罚如果用之不当会使国家和个人都受到损害。刑罚通过给犯罪人施加必要的痛苦以恢复被犯罪人侵害的社会秩序，实现社会正义，如果不能合理地适用刑罚不仅不利于社会秩序的恢复，对公民权利的保障也构成了严重的威胁。依法治国和社会正义都要求刑罚权的发动必须受到合理的限制，在严格按照法律规定定罪量刑，以求得罪责刑相适应的原则的同时，将发动刑罚可能产生的消极影响控制在最低的范围之内，以最大限度地保障公民的个人权利。

二 防止刑罚权被滥用

刑罚权的公权力属性决定了其具有的扩张的倾向，容易被滥用，古今中外的历史事实也证明了这一点。法国启蒙思想家孟德斯鸠在其著作《论法的精神》里就曾对权力的属性作过如下的分析：有权力的人行使权力一直遇到有界限才停止，一切有权力的人都容易滥用权力，这是万

[①] ［意］贝卡利亚：《论犯罪与刑罚》，黄风译，中国大百科全书出版社1993年版，第9页。

古不变的一条经验。① 世界各国的历史实践也反复验证，实行专制统治的政府对民众的自由带来的威胁最大，而不是所谓的犯罪人。

与人治相对的是法治，而法治社会与人治社会的最大区别就是权力是否得以合理的运行，权力是否得到了有效的控制。但是，即使在法治社会中运行的权力也不能完全根除其固有的特性带来的弊端，权力还是习惯性地容易被滥用而使公民的权利受到侵害。国家为了有效地维护其统治秩序，必然利用刑罚权这种强制性的权力，通过剥夺违法者的财产、自由甚至生命的方式，不排除在在必要的时候，甚至不顾刑法条文的明确规定，严厉地打击违法犯罪的人。从这个角度来看，刑罚权又具有一定的侵略性，刑罚权所具有的侵略性使公民的权利因为维护国家利益的需要而遭到践踏，公民的人权保障也成为空谈。

在详细分析刑罚权容易被滥用之前，先看一则案例②：

> 案件发生在2001年，辽宁省辽源市警方以涉嫌组织、领导黑社会性质组织、故意伤害、强奸、敲诈勒索、强迫交易、聚众斗殴、寻衅滋事等罪名拘捕刘文义及其组织成员共23名。随后，辽源市检察院对刘文义及其组织的主要成员共11人提起了公诉。辽源市中级人民法院于2002年8月对本案作出了一审判决，数罪并罚判处刘文义有期徒刑34年，决定执行20年，并处罚金30万元，判处其他主要成员有期徒刑1年到20年。刘文义等人不服一审判决，随后提起上诉。2003年4月，吉林省高院作出了撤销原判，发回重审的裁定。同年9月，辽源市中院改判，刘文义被判15年有期徒刑。一审改判后，被告人原来被认定的七项罪名被减为五项，并且删除了原来认定的组织、领导、参加黑社会性质组织罪。在一审改判后，被告人再次提出上诉。同年年底，在吉林省高院审理后，二审判决刘文义有期徒刑10年。随后，刘文义又提出申诉，申诉的结果是，其刑期从10年缩减为5年。在刘文义服刑期间，监狱有关人员帮助刘文义编造了可以减刑的材料，法院认定了这些

---

① ［法］孟德斯鸠：《论法的精神》，张雁深译，商务印书馆1982年版，第154页。
② 《吉林辽源"黑老大"刘文义案重审判刑20年罚金30万》，载http：//news.163.com/08/1212/22/4T0D9U6E0001124J.html。

材料并且裁定对刘文义减刑。2004年年底,刘文义出狱,总共服刑的刑期是三年左右。本案由于吉林省高级人民法院四名主要法官贪赃枉法并错误指示下级人民法院改判,遂该案经过几次改判后,最终在2004年年底改判刘文义有期徒刑5年,并处罚金5万元。随后,相关法官及监狱管理人员都受到了严肃的处理,吉林省高级人民法院于2007年10月提请最高人民法院提审或指令再审。最高人民法院于2008年10月撤销吉林省高级人民法院终审刑事判决,发回吉林省高级人民法院重新审理。吉林省高级人民法院随即作出裁定,发回辽源市中级人民法院重新审理。本案在2008年12月由辽源市中级人民法院重新进行了公开审理,刘文义最终被以组织、领导、参加黑社会性质组织罪,妨害作证罪,聚众斗殴罪,敲诈勒索罪,强迫交易罪等多项罪名,被判处总和刑期30年,数罪并罚决定执行有期徒刑20年,并处罚金30万元。

虽然本案的情形只能代表个案,不能说是具有一定的普遍性,但是从个案当中,也可以看出,不管刑法典规定得多么细密,对于刑罚权是否可以被合理使用以及刑罚权能否不被滥用的问题,仍然是无法保证的。一般来说,刑罚权被滥用的情形有以下三种:

第一,全然不顾刑法法条的明文规定,不遵守罪刑法定的原则,在罪与非罪,此罪与彼罪之间摇摆不定,随意发动刑罚权导致刑罚权被滥用。上述案例就属于此种类型。

第二,虽然遵照了刑法典的明文规定,但是在刑事诉讼程序中不遵守刑事诉讼法的规定,从而导致不应当被判刑的反而被判处刑罚,应当被判刑的却没有被判处刑罚,应当被轻判的犯罪人被重判,而应当受到重判的犯罪人反而被轻判。在当前的司法实践中,这种类型存在的数量比较多,出现这种类型的原因是多方面的,有的是因为互相串供导致的,有的是因为伪造证据,有的是因为相关人员对应当收集的证据故意不收集等等。

第三,充分利用刑法法条规定的粗疏,比如,充分利用量刑幅度比较宽,量刑过程中考虑的情节规定不严密等,不遵守立法本意,忽视罪刑法定的原则,从而对应当判处较轻刑罚的犯罪人判处较重的刑罚,对应当判处较重刑罚的犯罪人判处较轻的刑罚，对不应当判处刑罚的犯罪人判处刑罚，对应当判处刑罚的犯罪人反而不判处刑罚。

大致而言，徇私枉法是刑罚权被滥用或者被不合理地发动的原因。徇私是掌握相关权力的人员因追求某种利益或者寻求个人私利而利用职权，违背职责为提供利益的行为人服务。枉法是指执法人员明知法律条文的规定或者明知法律规定的原则，却在应当作为时不作为，不应当作为时反而作为，在应当给被告人判处刑罚时却不判处，在不应当给被告人判处刑罚时却判处刑罚。

为了防止刑罚权可能被不合理地发动或者被滥用而带来极大的危害，我国刑法明文规定了不同的犯罪种类及各种类犯罪不同的犯罪构成要件，各种犯罪适用的刑罚种类、量刑的幅度、量刑的根据、量刑的原则、缓刑的条件、假释的条件、减刑的条件、暂予监外执行的条件等等。刑事诉讼法明确规定了证据制度、刑事强制措施、立案程序、起诉程序、审判程序、第一审程序、第二审程序、死刑复核程序、审判监督程序、执行程序等等。

这些法律的规定充分体现了罪刑法定的原则，如果严格按照法律的规定执行，刑事法治也会得以较好的实现。但是，执行法律不是只要简单的依据法律的规定办事，还需要直接面对被告人、被害人、律师、证人等，需要兼顾考虑各方的利益，在某些情况下甚至还要面对被害人或者被告人的亲属、同事和朋友等。而执行法律的毕竟是有血有肉，有感性也有理性的人，在面临各种关系和利益的选择时，难免可能会出现偏离的现象。

参与整个量刑过程的人员是众多的，主要有：承办案件的法官、公诉人员、被害人及其亲属、被告人及其亲属、审判长、双方当事人的律师、法院领导、其他有关机构的人员。其中，被告人一方包括被告人本人、被告人的亲属及被告人的辩护人是影响量刑的主要力量，特别是被告人的亲属为了使被告人被判处相对较轻的刑罚，不惜利用各种资源以达到影响量刑的目的。有的与被告人有利害关系的人向有关人员提供财物、提供可以获得利益的机会、有的动用各种社会关系、有的提供工作调动权、提拔权、录取权等以获取对被告人判处较轻的刑罚。

在一般情况下，被告人及其与之相关的人员都试图影响承办案件的主要法官、法院领导、公诉人员、审判长、甚至有些试图影响被害人及其与被害人有利害关系的人,向他们提供各种获取利益的机会,以求得较轻的量刑。当既有感性又有理性的社会个体在特定案件的处理过程中,面临各种错综复杂的利益选择时,而各种利益之间又存在矛盾冲突,非此即彼,也即在选择了一种利益之后就必须放弃其他的利益。承办案件的法官、法院领导、公诉人员、审判长、被害人及其与被害人有利害关系的人在面临各种非此即彼的利益选择时,会衡量各种利益价值的大小。一般来说,行为人在比较各种利益时,会倾向于选择较大的利益,在利益价值相差不大的情况下,会倾向于选择获取风险较小的利益。通常情况下,承办案件的法官、法院领导、公诉人员、审判长、被害人及其与被害人有利害关系的人在面临利益选择时,会考虑以下几种因素:

第一,被告人及其与被告人有利害关系的人一般通过第三方向承办案件的法官、法院领导、公诉人员、审判长、被害人及其与被害人有利害关系的人等传达其将给予的利益。这里的第三方可能是被给予利益对象的朋友、同事、亲戚、上级、律师或者其他处于利益关系链条的相关人员。由第三方传达的利益使得承办案件的法官、法院领导、公诉人员、审判长、被害人及其与被害人有利害关系的人容易接受,并且衡量所给利益的大小与接受利益后可能承担的风险的多少。

第二,第三方与承办案件的法官、法院领导、公诉人员、审判长、被害人及其与被害人有利害关系的人等之间存在何种关系,如果拒绝会出现什么样的后果。因为,人毕竟是在社会中生存的,社会中人与人之间的关系是维系社会发展的纽带,当第三方在这种特定的时空中介入进来,势必会使承办案件的法官、法院领导、公诉人员、审判长、被害人及其与被害人有利害关系的人卷入到人际关系的掂量思考中。[①] 费孝通先生曾经将中国的传统社会定义为是差序格局的社会:在差序格局中,社会关系是逐渐从一个一个人推出去的,是私人联系的增加,社会范围是一根根私人联系所构成的网络,因之,我们传统社会里所有的社会道

[①] 参见翟中东《刑罚问题的社会学思考:方法及运用》,法律出版社2010年版,第115页。

德也只在私人联系中发生意义。① 一般来说，大多数在社会上生存的人都必须处理以下各种关系：同学关系、朋友关系、同乡关系、同事关系、上下级关系、与有业务往来的兄弟单位之间的关系、亲属关系等诸多的社会关系。个人的社会关系越丰富，就说明了潜在的机会越多，掌握的社会资源也越广，社会关系对个人在社会上生存与发展具有重要的作用。也正是因为以上的原因，当第三方帮助被告人及其利害关系人传达利益后，第三方的利益就介入进来，如果上述相关人员拒绝被告人及其利害关系人的利益请求时，就是拒绝了第三方的请托。通常情况下，第三方默许接受了被告人及其利害关系人提供的利益，承办案件的法官、法院领导、公诉人员、审判长、被害人及其与被害人有利害关系的人如果拒绝第三方提出的请托，就说明了第三方失去了可能获得的利益，同时第三方的面子被得罪了，而上述相关人员的社会关系网也遭到了破坏，社会资源被相应地减少，其自身可能获得的潜在的发展机会也相应受到或多或少的影响。甚至在某些极端的情形下，如果相关人员拒绝了被告人及其利害关系人的请托，其生命和健康还会受到不同程度的威胁，职业前景也会受到影响。

第三，不依法办案可能出现的风险，相关人员在考虑是否接受被告人及其利害关系人的利益请托时，会考虑不依法办案在多大程度上可能会被发现及被发现后可能会产生的后果（警告、撤职、降级、开除、甚至追究刑事责任等等）。如果不依法办案需要冒很大的风险，比如应当定罪的不定罪，应当处死刑的而判处较低刑期的有期徒刑，明显违背罪刑法定的原则等等，相关人员可能会因害怕承担严重的责任追究而拒绝被告人及其利害关系人的请托，当然也有人为了得到较大的利益而甘愿承担风险。如果不依法办案可能带来的风险很小，比如，被告人及其利害关系人所请托的事项属于法官可以酌情处理的范围之内，相关工作人员也可能满足请托人的要求，接受被告人及其利害关系人的请求。但是，对于有些法律规定得弹性比较大的地方，违法的空间也就比较大。比如，根据刑法第七十二条的规定，给犯罪人宣告缓刑的条件是，犯罪情节较轻，有悔罪表现，没有再犯罪的危险，宣告缓刑对所居住的社区

---

① 参见费孝通《乡土中国 生育制度》，北京大学出版社1998年版，第30页。

没有重大不良影响。在认定是否对所居住的社区产生重大不良影响时，有一定的弹性，因为没有统一的认定根据，既可以认定对所居住的社区会产生重大的不良影响，也可以认定为对所居住的社区不会产生重大的不良影响。因此，在法律规定的空间比较大时，违法行为发生的可能性就大。

第四，执法人员的专业素养与道德感。随着法治建设的加强与完善，越来越多的高等院校开设了法学专业，培养了大批受过良好法学教育的高等人才，这部分人才逐步充实到司法机构。司法机构的工作人员也开始越来越重视对专业知识的学习，提高自身的法律专业素养。随着执法人员法律专业素养的提高，其职责感也相应增强了。执法人员的职责感是其忠于职守的重要基础，对犯罪人正确的定罪量刑关乎社会正义的有效实现，因此，提高执法人员的专业素养有利于增强其履行职责的责任感，避免违法行为的发生。

在刑罚执行过程中，犯罪人及其利害关系人也试图通过利益渗透影响监狱管理人员、监管机构工作人员、法院的法官等，上述人员也需要在不依据法律行使职权可能承担的风险、违法行使职权可能获得的利益、拒绝需付出的代价以及职责感与道德感当中进行选择。犯罪人及其利害关系人意识到社会关系的重要性，往往挖掘相关执法人员的同学关系、亲属同学关系、同事关系、同乡关系、有利益往来的单位人员关系，选择这些相关人员作为第三方帮其传达利益请托，将相关的执法人员引入利益选择的情境中。

由此可见，刑罚权的发动不仅需要考虑相关法律的规定，而且还需要直接面对被告人及其利害关系人所可能提出的减轻刑罚的利益请求。而执法人员是在社会中生存的个体，不是生存在真空中的，也是有个人私利的，现实中的执法人员需要在各种社会关系和各种利益之中作出选择。因为被告人及其利害关系人提出利益请托的方式不同、程度也各不相同。比如，有的被告人及其利害关系人所提出的请求包含有威胁相关人员的内容，有的被告人及其利害关系人所提出的请求不包含有威胁的内容，有的内容涉及到未来的威胁信息，有的内容涉及到现有的威胁信息，有的被告人及其利害关系人所提供的利益正好是相关人员所急需的，有的则不是。因此，由于个体对利益的需求不同，导致权力交换的形式也迥异。刑罚权所具有的扩张性属性也是欧洲启蒙运动的导火线，可见，扩张性是刑罚权的普遍属性。因此，应该在防止发动刑罚权维护被侵害的社会秩序的同时，尽量地避免过多地侵犯公民个人的自由。合理地限制刑罚权的发动是维护公民自由权利，促进人权保障的有效途径。

三 有限的司法资源要求限制刑罚权

如上文已经论述的，刑罚权的发动需要耗费大量的刑事司法资源，而国家对刑事司法资源的投入又是有限的，因此，必须将有限的刑事司法资源用于打击严重的犯罪行为，而不能任意地发动刑罚权造成刑事司法资源的浪费。有限的刑事司法资源的投入从某个层面来说也是出于对权力膨胀的担忧。

刑罚权是一种具有强制性的公权力，与经济法、侵权法、民商法等其他法律部门不同，刑罚以其独有的严厉性而著称，因此，刑罚权也应该针对最为严重的危害行为而发动。刑罚权的公权力属性决定了其有被滥用的风险，从保障人权的角度提出了对刑罚权进行适当的限制，以使其在合理的范围内发动。任何刑罚权的发动都是以耗费巨大的物质资源为基础的，在总的社会效益相同的情况下，刑罚耗费的资源越少，整体的经济效益就越高，经济发展的也就越快。由此可见，在发动刑罚权时要在成本与收益之间进行权衡，以便更合理地决定何种行为应当规定为犯罪，何种行为不应当规定为犯罪，以及给各种不同的犯罪配置相应的刑罚。刑罚权的发动超过必要的限度就会构成对犯罪人权利漠视，构成对社会上其他人权利的威胁。反之，如果刑罚权的发动不能达到必要的程度，刑罚就很难达到惩罚犯罪，维护社会秩序的目的，社会正义也就难以实现。

一般来说，衡量刑罚权的发动成本与收益之间的关系应注意以下两方面：

第一，为了避免造成刑事司法资源的不必要的浪费，在可以取得相同收益的情形下，应该尽量选择发动成本较小的刑罚方法。

第二，在刑罚的发动成本与效益之间尽可能地保持最优的比例关系，以防止对成本过于节约而引起效益的欠缺或者根本不能产生效益，又或者一味的重视对效益的追求而导致过高的成本投入。刑罚权的发动既要求使刑事资源的投入最小化，也要求达到控制与预防犯罪收益的最大化。既要在立法上考虑发动刑罚权的成本与收益之间的关系，同时也要在司法上考虑发动刑罚权的成本与收益之间的关系。在立法上，为犯罪配置刑罚时应当考虑所能产生的效益，在可能的情况下应当考虑非刑罚的处罚方法，比如保安处分，社会服务等等。如果适用较轻的刑罚就可以达到控制和预防犯罪的目的，那就没有必要适用较重的刑罚方法而浪费不必要的刑事司法资源。在司法上，要根据不同的犯罪类型，不同犯罪人的特点，适用必要的刑罚方法。对于不构成犯罪的就不能适用刑罚处罚。对于已经构成犯罪的，如果适用较为轻缓的刑罚即可以达到预防和控制犯罪目的的，就没有必要适用较为严厉的刑罚。因此，为了保持刑罚的发动成本与效益间的优化比例：一方面在刑罚的规定上，应根据不同的犯罪种类规定不同的刑罚方法，并且尽可能避免刑罚资源的浪费；另一方面，在适用刑罚的过程中，要掌握最佳的度，以实现刑罚的成本最小化与效益最大化。

刑罚权的发动如果没有任何限制将会导致很多方面的严重后果，耗费大量的刑事司法资源不说（包括大量的人力、财力和物力），还会造成对公民自由甚至生命的践踏，损害社会的公平和正义。滥用刑罚权容易导致无罪的被告人受到刑罚处罚，真正有罪的犯罪人却逍遥法外，罪行较轻的犯罪人被处以较重的刑罚。罪行较重的犯罪人被处以较轻的刑罚。

刑罚权的滥用使得被犯罪人侵害的社会秩序无法得到修复，更加重了被害人的心理创伤，使社会的公平正义受到了严重的扭曲。由于刑罚权的滥用导致无罪的被告人被判处刑罚或者罪行较轻的犯罪人被判处较重的刑罚的情况下，就将被告人转化为了被害人，由此会引发一系列恶劣的社会影响，比如1994年发生在湖北省的佘祥林案引发了执法者们对疑罪从无、证据锁链及社会舆论等问题的深思。冤案、错案的发生给国家、社会、家庭以及个人带来的负面影响是难以想象的，这往往是由于任意发动刑罚权而引发的，因此，对于刑罚权的发动应该尽可能地审慎。国家在发动刑罚权时应该衡量所耗费的刑事司法资源的成本与收益是不是能达到最优的比例关系，不能使所投入的刑事司法资源成本与可能产生的不良后果成正比例关系。英国的法学家边沁就曾指出："如果可以使用更温和的手段，比如指导、请求、示范、褒奖、缓期等就可以获得同样的效果时，那么适用刑罚就是过分的"。[①] 综上所述，国家在理性地发动刑罚权时，应该考虑司法资源的投入成本与可能产生的社会效益之间的关系，特别是市场经济大发展的时期，更应追求发动刑罚权的社会效果的最大化。

第二节 刑罚权限制的立场

古今中外的历史教训已经明确证明了刑罚权的扩张将会给全社会带来的恶果，因此，国家在发动刑罚权时应当进行理性的限制，这也是所有法治社会取得的基本共识。合理地发动刑罚权有利于促进对人权的保障、促进法治建设的完善。

虽然刑罚权的发动是通过一种"以恶制恶"的手段来恢复社会正义，但是不能因为刑罚权给人带来的这种痛苦性而否定其存在的合理性。因为，如果没有了刑法，刑罚权的扩张性就会暴露无遗，国家为了维护社会秩序的需要可以任意发动刑罚权，还会导致出现如下局面：各种各样的惩罚机关、形式各异的惩罚标准、种类繁多的惩罚手段及各种不同的惩罚对象等等。

刑罚权通过渗透到公民日常生活的各个领域而使刑罚的效果扩大。在这种情境之下，整个社会都会处于高度的警备状态中去，虽然社会可能是高度安全了，因为任何被认为违反社会秩序的行为，甚至任何被认为是不好的思想都会受到来自各种各样的惩罚机关所实施的各式各样的惩罚手段。但是，在这样一种高度安全的社会里，国家利益和社会利益会埋藏个人的合法权利，生存在社会上的个人会丧失安全感。原因是刑罚权的任意发动导致了惩罚的不确定性，任何人在任何时候都可能成为被惩罚的对象，任何人也都有可能成为惩罚者。

惩罚的不确定性使得整个社会处于高度安全状态的同时，也使得社会上的个人处于高度的不确定状态之中。人们虽然可以通过自己的力量

---

① [英] 杰里米·边沁：《立法理论：刑法典原理》，李贵方等译，中国人民公安大学出版社1993年版，第68页。

抵制他人的非法侵犯，但是在面对具有强制性和扩张性的刑罚权时，人们的抵抗就显得无力，在这种情况下，就会产生大量的冤案和错案。因此，刑罚权是伴随着国家的出现所必然产生的，可以认为，刑罚权的存在是必然的，是历史的选择，应该在既能有效地维护社会秩序又能更好地促进人权保障的前提下对刑罚权的发动进行合理地限制。由于限制刑罚权的发动涉及到诸多方面的内容，下文仅就限制刑罚权发动的一些原则进行简单的阐述。

一　刑罚权的发动应该以宪法为纲

宪法是其他一切法律的根基，是国家的根本大法，其他一切法律必须以宪法为纲，遵守宪法的各项原则。我国宪法中明确规定了各种类型的国家机关行使权力的内容和范围，划定了其行使权力的界限，以保障公民的合法权利不会受到来自非法权力的侵害。刑法是国家的基本法律之一，我国刑法中明确规定了各种类型的犯罪的构成要件、法律后果，防止权力机关任意侵害公民的合法权利，随意剥夺或者限制公民的自由。

虽然宪法与刑法在法律体系中的地位，两法规定的内容及效力都各不相同，但是宪法和刑法在保障人权的基本立场上是一致的。国家尊重和保障人权被明确地规定在宪法第33条中，同时我国刑法总则第1条也明确规定：为了惩罚犯罪，保护人民，根据宪法，结合我国同犯罪作斗争的具体经验及实际情况，制定本法。由此可见，人权保障原则是我国宪法规定的一项重要的原则，而刑法以宪法规定的原则为根据，因此，人权保障原则也必然是刑法的一项重要的原则。也即，宪法中规定的人权保障原则精神体现在具体的刑法规范及刑事司法过程中。宪法是自由的守护神。[①] 世界各国的宪法都是人权的宣言书与保障书，是人类社会文明发展与进步的印证。我国宪法在总纲之后即明确规定了公民的基本权利和义务，从某种程度也证明了国家对公民基本权利和义务的重视。当国家权力与公民权利发生矛盾冲突时，毫无疑问地，国家权力仅应该是基本的手段而保障公民权利才是根本的目的。也就是说，保障公

[①] 参见劳东燕《罪刑法定本土化的法治叙事》，北京大学出版社2010年版，第245页。

民的基本权利是国家权力存在的正当理由和合理根据,这里的公民基本权利是指人之为人所应享有的根本权利,当然也包括保障犯罪人的基本人权。

我国的宪法学者莫纪宏就曾总结道:宪法价值的逻辑起点是"不自由",而其价值终点则是"自由",离开对自由目标的追求和对处于不自由状态的把握,宪法就不可能成为推动历史与逻辑进步的力量。① 倡导依宪治国的目的是为了使公共领域与私人生活领域区别开,即私人生活的某些领域国家是不能渗透的,这是个人的基本权利的表现。这些基本权利是不依赖任何其他载体而独立存在的,也是不能被随意剥夺和削减的,并被认为是先于法律而就存在的。这些基本权利的存在代表着一种价值,这种价值使国家将其规定在法律之中,并确保这些权利成为法律秩序的有机组成部分。② 这些基本的权利不受到任何权力的质疑与否定,否则权力本身就会失去正当性与合理性。③

一般来说,如下几种形式的不公正会损害刑法的管辖范围:法律禁止的行为太宽泛,过度限制公民的自由,侵犯公民的隐私,损害公民的尊严。相应的,这样的法律所规定的惩罚可能会缺少足够的理由,给公民施加不必要的痛苦,剥夺公民的正当权利。在美国,这些形式的不公正受两套宪法规范的监督。第一宪法修正案、第五宪法修正案和第十四宪法修正案将公民寻求经济发展及追求成功的一系列行为设定为合法。另外,第八宪法修正案在刑罚的目的与国家剥夺公民的生命及自由权间设定了比例性原则,并为刑法的界限提供了实体法上的限制。这些宪法修正案很少作为一个整体被讨论,而各自的司法解释也相对分散。宪法的解释一般在结构上是紧扣条文的,按文本的标题分类而不是按照相同的主题。这种解释的结果就使得宪法对刑事实体法的制约缺乏明确性。刑法条文有损害宪法所保护的公民的自由权的风险。公民的权利规定在一部法律里,而国家惩罚权规定在另一部法律里,只有当两部法律相吻合时权利和权力的界限才会明确。是否大多数人运用国家的权力通过刑

---

① 参见莫纪宏《现代宪法的逻辑基础》,法律出版社 2001 年版,第 150—152 页。

② Donald P. Kommers, *The Constitutional Jurisprudence of the Federal Republic of Germany*, Durham: Duke University Press, 1997, 46-48.

③ Jack Hayward, *After the French Revolution : Six Critics of Democracy and Nationalism*, New York: Wheatsheaf, 1991, 179-180.

法的实施将自己的意见在全社会推广。刑法的特性在于服务于某种目的，因而必有其本身的局限性，惩罚措施的严厉性传递了其瑕疵性。那么美国宪法对刑法界限的规定与刑罚惩罚的合法目标之间的联系是什么：

第一，比例性原则。对犯罪的惩罚应该与其所犯罪行成比例。[1] 法院正通过司法实践取消某些种类犯罪的刑罚，一些被告人也被免除刑罚。法院根据某些案例总结出了第八修正案关于刑罚的两个标准[2]：是否有利于刑罚目的的实现，不能施加不必要的痛苦；刑罚的严重性明显超出了罪行的严重性。第一个标准用来决定，对某些种类的犯罪及被告人施加刑罚是否符合刑罚目的的实现，而第二个标准用来回答监禁刑的长度是否超出了达到刑罚目的所要求的长度。量和质的区别对待问题说明了最高法院判决的形式。法院一贯倾向于在刑罚的程度上制定标准而不是种类上。相反法院必须发现对某类犯罪中被告人的惩罚符合刑罚的目的：报应，威慑，剥夺，修复。当刑罚的严厉性超过报应性需求，但是阻止了实质性危害，那么既不违反严重比例失调的原则也不违反刑罚预防的目的。在刑罚的量（刑罚的轻重）和质（特定的刑罚比如监禁或者死刑，是否适合特定的犯罪及犯罪人）上采取不同的标准是必要的。对刑期的长度采取严重比例失调的标准具有一定的合理性，因为在司法上没有公式可以精确计算出某种刑罚是否恰到好处地惩罚并预防特定的犯罪。相对地，对犯罪，被告人及刑罚进行类型化的区分更能达到刑罚预设的目的。如果有理由相信惩罚某种犯罪不能维护被害人的权利并且给其带来更严重的损害，那么就可以认为对这类犯罪施加的惩罚不能达到刑罚预设的目的。关于采用的标准问题，法院有两个阵营：一个阵营支持在刑罚的轻重问题上采取严重的比例失调标准，而在刑罚的种类问题上采取可预见性标准。相反地，另一个阵营反对比例性原则。[3]

第二，法条根据。美国宪法第八修正案规定：过度的保释金和罚金

---

[1] Larry Charles Berkson, *The Concept of Cruel and Unusual Punishment*, London Press, 68-70 (1975).

[2] Margaret Jane Radin, *The Jurisprudence of Death: Evolving Standards for the Cruel and Unusual Punishments Clause*, 126 U. PA. L. REV. 989, 994 (1978).

[3] Adil Ahmad Haque: *Lawrence v. Texas and the Limits of the Criminal Law*, Harvard Civil Rights-Civil Liberties Law Review, 42 Harv. C. R. -C. L. L. Rev. 1 (2007).

都是不被允许的，残忍地与非正常的惩罚也是禁止的。前述已讨论过，法院一直都认为对犯罪施加的刑罚是否过度取决于刑罚的目的：报应，威慑，剥夺和修复。不合理地施加刑罚当然是残忍的一个表现，因为惩罚的目的必须符合正当性的标准。比例性原则有三个衡量因素[1]：刑罚的严重性是否与罪行的严重性及犯罪人的可责性相称；在同一司法权管辖范围内与不同罪行的判决进行比较。包括暴力的程度，产生损害的范围及被告人的精神状态；在不同司法权管辖范围内与相同罪行的判决进行比较。对于第一个因素，应该考虑刑罚的四个目的，比例性原则必须有助于实现刑罚的目的。第二个因素为比较刑罚的严厉性，罪行的严重性及犯罪人的可责性提供一个基准。第三个因素可以提供证明：对某类犯罪或者犯罪人惩罚过重，或者某类犯罪应该划出刑罚圈。后两个因素是为了帮助实现第一个因素，对犯罪人的犯罪行为进行惩罚是不符合刑罚的目的。后两个因素提供消极的证明，如果对某类犯罪的惩罚高于比其严重的犯罪的惩罚，那么就暗示对此类犯罪的惩罚偏重。

第三，惩罚可达到的目的。法院认同刑罚的目标是报复和预防，对某类犯罪及犯罪人施加惩罚应该达到刑罚的目的。报复表明被害人的权利得到了社会的维护，而威慑，剥夺和修复是防止损害再发生的方法。对不会造成损害的行为进行处罚不能达到刑罚的目的，因为处罚造成的损害大于预防的损害。

在刑罚的报应主义理论中，比例性原则要求，刑罚的严厉性应该根据犯罪行为的严重性及犯罪人的可责性不同而不同。报应性司法要求只对有罪过的犯罪行为进行惩罚而不是对所有的不法行为进行惩罚。罗伯特·诺齐克将刑罚的报应性功能用公式表示为：报应＝罪过×损害（$R = r \times H$，R 代表报应，r 表示罪过的有无及大小，H 表示程度不同的损害）。[2] 当罪过 r 为零时即未成年人或精神病人犯罪，则 R 也为零。当 H 为零即无危害性的行为，则 R 也为零。换句话说，基于报应性立场，在没有危害或者缺乏罪过的情况下，刑罚是不必要的。对没有危害性的行

---

[1] Alice Ristroph, *Proportionality as a Principle of Limited Government*, 55 DUKE L. J. 263 (2005).

[2] Hugo Adam Bedau, *Classification-Based Sentencing: Some Conceptual and Ethical Problems*, in Criminal Justice 89, 102.

为进行惩罚不符合刑罚的报应性要求。报应性司法的一个最基本的特征是被害人的利益被损害。报应与报复，复仇概念相似，包含有国家维护被害人权利的思想。被害人的角色使报应性的含义有意义。正是在这一点上，因为没有危害性的行为无被害人，对这种行为进行惩罚达不到报应的目的。报应性有两种解释，公众对犯罪行为愤怒的表达和对被害人造成伤害行为的报复。在后一种意义上，报应性明显要求有被害人的存在，前一种意义上不要求有被害人的存在，但是刑罚作为公众表达愤怒的工具应该遵循比例性原则。另一点值得注意的是，报应是针对犯罪行为的，而不是针对犯罪人的性格等其他方面。

除报应之外，法院认为威慑，剥夺，修复也是刑罚的目的，这些目的不是追求权利的认同而是为了防止损害的发生。损害预防与刑罚的实用主义理论相联系，实用主义理论认为，刑罚的目的在于通过威慑，剥夺和修复的方法预防一切损害的发生并将损害控制在最小的范围内。[①]当刑罚施加的痛苦大于所阻止的损害时，刑罚是过度的。对没有危害性的行为进行惩罚同样不符合预防的目的。对可预见并可以避免的行为才有归罪的可能性，否则不能达到预防的目的。

以上讨论的是美国宪法对刑法的限制表现，美国宪法规定了一系列的违宪行为，明确设定了刑法的界限，扼制了刑罚权的任意发动。我国宪法尚未对刑法的界限作出明确的规定，但是宪法的原则精神影响着刑法的范围。刑法的规定如果遵循宪法的基本精神就有利于合理地限制刑罚权的发动，因为保障人权是宪法的基本精神同时也是刑罚权的发动过程中需要关注的重要问题，也是社会主义法治建设的题中应有之义。当前，关于犯罪人的人权保障问题已经引起了国际社会的广泛关注，并且越来越成为衡量一个国家人权保障状况的重要指标。刑罚权的发动应该始终以宪法为纲：宪法应该是刑罚制定的根据，刑罚的内容也应当与宪法的原则和精神相吻合；在刑罚的裁量过程中，应该注重对诉讼参与人权利的保护，对于犯罪人应该按照刑事诉讼法规定的程序，并严格遵照刑法的规定定罪量刑，对于没有犯罪的人不能给予刑罚处罚，以保障其合法权利不受到非法的侵害。

---

① Bernard E. Harcourt, *The Collapse of the Harm Principle*, 90 J. CRIM. L. & CRIMINOLOGY 109. (1999).

二 刑罚权的发动应该遵循罪刑法定原则

罪刑法定原则是刑法的一项基本原则，不仅为刑罚权的发动提供了正当化的根据，而且发挥着引导刑罚权得以理性行使的重要作用。罪刑法定原则的形式性要求，比如：刑法法规的明确性要求、禁止类推解释、禁止事后法、禁止绝对不确定的刑罚、禁止习惯法等，也规范着国家刑罚权的理性行使，限制着国家刑罚权的发动范围。

从国家的角度来说，罪刑法定原则是一种制约原则，限制着国家公权力的行使，具有权力制约的性质，拥有刑罚权的机关只能在刑法规定的范围内对犯罪行为进行定罪处罚。即刑法第3条前半段所规定的，法律明文规定为犯罪行为的，依照法律定罪处刑。但是，从另一个方面，对于公民个人来说，罪刑法定原则授予了一种权利规范，发挥着指引和评价公民行为的重要作用。即刑法第3条后半段所规定的，法律没有明文规定为犯罪行为的，不得定罪处刑。罪刑法定的原则在所有法治国家基本上都得到了确立，因为，实行法治在刑事法领域的主要表现就是罪刑法定原则的确定。

罪刑法定原则一方面起着限制刑罚权发动的重要作用，引导着刑罚权的理性运行，另一方面，罪刑法定原则也发挥着保障公民权益的重要功能。归根到底，法治在本质上属于一种规则之治，是通过法律的手段进行社会治理，这种法律治理方式也是人类文明发展的必然趋势。不仅引导和支持着国家权力的行使，使这种权力的行使更为有效，也是使权力得以正当化和合法化的机制和过程。[①]

罪刑法定原则的基本要求就是刑罚的确定性，禁止绝对不确定的刑罚侵害公民的权利。意大利刑法学家贝卡利亚也指出："对于犯罪最强有力的约束力量不是刑罚的严酷性，而是刑罚的必定性，这种必定性要求司法官员谨守职责，法官铁面无私、严肃认真，而这一切只有在宽和法制的条件下才能成为有益的美德。即使刑罚是有节制的，它的确定性也比联系着一线不受处罚希望的可怕刑罚所造成的恐惧更令人印象深

[①] 参见苏力《道路通向城市：转型中国的法治》，法律出版社2004年版，第17—18页。

刻。"① 刑罚的确定性是掌握刑罚权的机关严格按照法律定罪量刑的基本前提，并使得限制刑罚权的发动成为可能，同时人们的行为也可以得到有效的引导和预测，这也是罪刑法定原则的基本内涵。刑罚的确定性体现为量和质的两个要求：根据行为的危害性、行为人的主观恶性及应当承担的刑事责任对犯罪人进行定罪处罚，这是从量上体现的刑罚的确定性；只有犯罪的人才应受到刑罚的惩罚，刑罚不能伤及无辜者的合法权益。如果刑罚规定的不明确，公民就不能合理地预测自己的行为，也给掌握刑罚权的机关滥用刑罚权提供了可能性，那么，公民的人权就不能得到有效的保障，罪刑法定原则也只能成为摆设。

三 谦抑性原则对刑罚权发动的限制作用

刑法的谦抑性原则要求对刑罚权的发动进行合理的限制，刑罚权的发动应当符合人类文明的理性进程并有利于实现刑罚的终极价值，对自由、秩序和正义的追求。自由、秩序和正义是相互联系的：秩序是自由的保障，自由以秩序为限度；正义是自由的守护神，自由必须受到正义的制约；正义是秩序的准则，秩序保障正义的实现。②

刑法的谦抑性表明了刑法的功能并不是无限的，不是所有的违法行为都必须动用刑罚，刑罚只在必要的范围内发动。对于犯罪而言，刑法是一种有力的手段，但不是唯一的手段，不是决定性的手段，因为要完全消灭犯罪就必须消灭犯罪产生的原因，所以有最好的社会政策就是最好的刑事政策一说。③ 刑法应该是公民权利保护的最后一道屏障，刑法也只有在其他社会控制手段，比如，经济的、民事的、行政的，不能有效调控时，才可以发动，而不是在人民权益受到损害的任何时候都可以发动。因之所具有强制性、痛苦性及扩张性，如用之不慎，国家与个人两受其害。

帕克就曾说过，刑事制裁应该仅施行于确实必要之情形，刑罚乃是

---

① ［意］贝卡利亚：《论犯罪与刑罚》，黄风译，中国大百科全书出版社1993年版，第59页。

② 参见谢望原《欧陆刑罚制度与刑罚价值原理》，中国检察出版社2004年版，第468—481页。

③ 参见张明楷《外国刑法纲要》，清华大学出版社2007年第2版，第7页。

所有法律的最后威胁方式，具有最高的强制性，相应地，其代价也必然是最昂贵的。① 不管是从刑事司法资源的配置角度，还是从刑法对社会秩序的调控及公民自由权利的保障角度，刑罚权的发动都应该是审慎的，非必要之情形不得发动刑罚权。如果违背刑法的谦抑性原则，任意地发动刑罚权，不但会造成刑事司法资源的浪费，还不利于社会长期的稳定和发展。因为，刑罚权针对的对象是犯罪行为，刑罚权存在的正当理由也是为了有效地打击犯罪，维护社会秩序，保障公民的自由权利。但是，刑罚权又不是打击犯罪的唯一手段，因为犯罪行为产生的原因是多方面的，因此，又必须对刑罚权的发动进行适当的限制。

历史经验告诉我们，刑罚权的扩张可能带来的种种恶果，虽然刑罚是一种维护社会秩序的有力手段，但是如果没有节制也会造成社会秩序的动荡。对刑罚权的发动应遵循刑法的谦抑性原则，日本的平野龙一教授也认为："刑法不是在行为侵害或者威胁了他人的利益之时就必须发动的，只有在其他社会统治手段不能充分发挥作用之时，刑法才有发动的必要。这就是刑法的谦抑性或者说补充性"。② 英国功利主义法学家边沁也曾总结：无效果的、太昂贵的、过分的、无根据的以及没有必要的刑罚都是应该禁止的。③ 综上所述，国家将某种违法行为规定为犯罪行为之时，必然是没有其他可以替代刑罚的适当方法存在的情况之下，才可以动用刑法，也即，非实属迫切必要之时，不可任意发动刑法对行为进行定罪处刑。

第三节　我国的刑罚权发动及其限制问题检视

一　我国的刑罚权发动及其限制现状梳理

从整体上来说，当前我国刑罚权表现出来的特征是发动比较频繁而限制较少。虽然刑罚的轻缓化观念、非刑罚化思想等在刑法学界也一直

---

① Herbert L. Packer, *The Limits of the Criminal Sanction*, Stanford Univesity Press, 249. (1968).
② [日]平野龙一：《刑法总论Ⅱ》，有斐阁1972年版，第46页。
③ [英]边沁：《立法理论——刑法典原理》，李贵方等译，中国人民公安大学出版社1993年版，第66—69页。

被提出来，但是，一直没有成为刑罚的主流观念。因此，刑事立法和刑事司法仍朝着犯罪化的方向发展，犯罪圈也不断地扩大，主要表现在如下几方面：

第一，在刑事立法方面，刑法条文的大量增加，规定了很多新的罪名。1979年的刑法典当中，刑法分则共规定了103条条文，129个罪名，在1997年修订后的刑法典中的刑法分则条文增加到了352条，罪名增加到415种。即使完全去除分解原来条文后导致的新增条文，净增加的条文就超过了原来条文的两倍。在1997年修订刑法之后，立法机关又先后以一个《决定》和十个修正案的形式对刑法条文作出了多次的修改。主要通过增加新罪名、从原有罪名中分解出新罪名、增加过失犯、增加危险犯、扩大原来构成犯罪的主体范围等方法，大量扩张了刑法分则的条文。前七个刑法修正案共增加了：隐匿、故意销毁会计凭证、帐簿、财会报告罪，投放虚假危险物质罪，编造、故意传播虚假恐怖信息罪，资助恐怖活动罪，组织未成年人进行违反治安管理活动罪，走私废物罪，虚假破产罪，开设赌场罪，妨害信用卡管理罪，利用影响力受贿罪，枉法仲裁罪，组织、领导传销活动罪等共29个罪名。《刑法修正案（八）》增加了：危险驾驶罪、恶意欠薪罪、虚开发票罪、持有伪造的发票罪、协助强迫他人劳动罪等近10个罪名。《刑法修正案（九）》也增加了：代替考试罪、拒不履行信息网络安全管理义务罪、帮助信息网络犯罪活动罪、使用虚假身份证件、盗用身份证件罪、编造、故意传播虚假信息罪等20个罪名。刑法的多次修正使犯罪圈的范围逐渐扩大，也反映了刑法立法的扩大化、刑法的功能化和刑法干预的前置化倾向。

第二，犯罪圈范围的扩大在刑事立法中还通过降低构成犯罪条件的方式得以体现，而不仅仅是通过增加新罪名数量的方式表现出来。通过修改既有的犯罪构成要件的方法将以前不构成犯罪的行为规定为犯罪。这种修改主要有如下几种方式：一是使原来的犯罪构成要件减少，比如取消身份犯中的特殊身份要求，以一般主体取代特殊主体、取消犯罪构成要件中对目的的要求等等。二是修改犯罪构成要件的范围使犯罪圈扩大。比如扩大犯罪对象、犯罪行为类型、犯罪主体等的范围等等。三是降低造成现实损害结果的要求，使入罪的要求变低。比如将结果犯变为行为犯或者危险犯或者情节犯等等。

　　第三，在刑事司法方面，我国是以制定法为主要法律渊源的国家，刑法条文的规定相对于每个具体的案件来说是预先规定的，而具体犯罪的犯罪构成要件所规定的只是概念意义上的事实与实践中具体案件的事实不是完全吻合的。司法者在将案件事实与刑法条文比对的过程中会发现，与每个案件事实相关联的刑法条文一般都在两个以上，因此必须选出最相关联的刑法条文作为案件的裁判依据。在选择的过程中，司法者往往会通过扩张解释法律条文的方法，将某些行为解释进犯罪圈，以达到定罪量刑的目的。另外，刑法中存在一些兜底性、概括性条款的规定，也为司法实践中的扩张解释提供了空间，比如以危险方法危害公共安全罪当中的"以其他危险方法"，使该罪成为了危害公共安全罪一章的兜底条款，并越来越具有了口袋罪的特征。但是，有些司法解释也通过提高构成犯罪的数额标准来限缩犯罪圈，特别是对犯罪构成要件中规定了定量要素的犯罪类型，比如诈骗、盗窃等财产性犯罪。对这些犯罪类型的定罪数量提高之后，也会在一定程度上对这些犯罪的数量产生影响。但是，从总体上来说，这类司法解释的数量还是有限的，不能改变总体的犯罪圈扩大的趋势。

二　关于我国的刑罚权发动及其限制问题应对思考

　　本部分主要从宏观的层面对我国刑罚权发动及其限制进行一些思考。从上文分析可以看出，重刑观念对刑罚的规定、刑罚的裁量和刑罚的执行都会产生重要的影响。因此，转变刑罚观念，确立科学的刑罚观对于刑罚制度的设立和运行都具有重要的指导作用。刑事古典学派的重要代表人物之一费尔巴哈就主张，一切社会活动的出发点是人，人应该被放在第一位。因而，科学的刑罚观应该将人作为一切刑罚活动的出发点和归宿点，将人放在第一位，即应该确立人本主义的刑罚观。人本主义的刑罚观的确立不仅符合当代中国社会发展的需要，也顺应了国际社会发展的潮流。尊重和保障人权已是国际社会的普遍共识，而人本主义刑罚观关注对人的基本权利和要求的保护和满足，因而是科学的刑罚观。

　　人本主义刑罚观强调刑罚的宽缓、谦抑和效果，必然对刑罚权的发动和限制产生一定的影响，有利于指导刑罚权的合理运行。刑罚的宽缓指的是适度的宽缓，对于危害性确实比较严重的犯罪行为仍应适用严厉的刑罚，比如，在目前废除死刑的条件尚不具备的情况下，应该对死刑的适用进行严格的控制；适当地扩大缓刑、假释的适用范围；推广矫正刑的适用等等。刑罚的谦抑指的是必须谨慎地适用刑罚，刑罚只能是作为最后一种手段适用，有助于避免刑罚权的过度发动。刑罚的效果指的是刑罚的投入应当是适当的、合理的，以足以预防和控制犯罪所必须。刑罚的效果不仅对刑事立法中刑罚的配置提出了要求，同时也对刑事司法中的罪刑裁量提出了要求。目前我国刑事制度中存在的一些不合理因素正制约着中国刑事法治的发展，在此背景下，刑罚改革的呼声越演越烈。而人本主义刑罚观的确立可以为刑罚改革确立正确的方向，使刑罚改革的内容更具有合理性和科学性，从而更有利于刑罚目标的实现。

确立罪刑法定原则的宪法根据是从实质上对刑罚权进行限制的有效途径。陈兴良教授指出：某一刑法是否真正实行罪刑法定原则，关键是要看这种刑法是否建立在法治基础之上。[①] 法治国家的罪刑法定原则不仅是刑法的基本原则之一，而且也是宪法的重要原则，也即违反罪刑法定原则就因为违背法治精神而被禁止。我国的罪刑法定原则仅仅被规定在了刑法当中，而立法机关即使制定内容不明确的法律或者司法机关在执行法律过程中任意扩张解释法律，则都不会产生任何法律后果，因为没有上位法的限制，无救济即无权利。罪刑法定原则只有在具有了宪法根据之后才可以有效地发挥对刑罚权的限权作用，刑事立法如果违反罪刑法定的原则也会因违宪而变得无效。宪法是国家的根本大法，具有最高的效力，因此，只有借助于宪法原则才可能从实质上对刑罚权进行限制。

---

① 参见陈兴良《刑法的基础》，载陈兴良主编《刑事法评论》第 11 卷，中国政法大学出版社 2002 年版，第 131 页。

结　语

　　追溯刑罚权的发展历程，刑罚权从替天行罚的神意报应论，到康德所提倡的道义报应论，再到黑格尔所主张的法律报应论，经历的每一个环节都表明了人类文明的进步，人类理性的发展。从刑罚权的发展脉络中也可以清晰地领会到：刑罚权的发展方向——理性、规范、科学、宽缓。从刑罚的种类来看，从奴隶制五刑（墨、劓、刖、宫、大辟）到封建制五刑（笞、杖、徒、流、死），再从封建制五刑到近现代五刑（管制、拘役、有期徒刑、无期徒刑、死刑），当中的发展过程明显地体现出了如下两种趋势：

　　第一，从刑罚种类的不确定性到刑罚的法定。刑法是中国古代法律的基础，自从成文刑法产生以后，用法律手段限制刑罚权的发动就是人们一直所期盼的，但是，传统社会的人治理念决定了对刑罚权进行约束和限制是不可能真正实现的。直到20世纪初，罪刑法定原则的出现才使刑罚权的限制成为可能，刑罚法定才得以实现。相应地，刑罚的种类也被明确规定在刑法之中，掌握刑罚权的机关只能按照法律的规定给犯罪人定罪处刑，法外造刑和法外施刑一样都是被严格禁止的。从此，无限扩张膨胀的刑罚权便受到了法律的明确限制。

　　第二，刑罚从残忍走向人道。古代社会的酷刑特别多，仅死刑的方式就达到十余种，种种残酷的刑罚骇人听闻，令人发指。但是，刑罚终究在向人道的方向迈进，这是历史所不容抗拒的。从汉文帝废肉刑、除连坐，到隋唐时期建立的以身体刑和生命刑为主的封建五刑制度，再到清末确立的以自由刑为中心的近现代新五刑制度，无不表明人类在荆棘中始终是沿着刑罚人道的方向前行的。随着人类文明的进步，死刑制度也开始逐渐消亡，许多国家已经明确废除了死刑，我国目前废除死刑的条件还不够成熟，我们将在严格限制死刑并逐渐废除死刑的刑罚人道化路径上继续艰难前进。

在法治国家，刑罚权不再是国家肆意发动得以任意侵犯公民合法权益的幌子，也不再是维护专制统治的工具，而是被赋予了更多理性的内涵，是打击犯罪和保障人权的坚实后盾。刑罚权是伴随着国家的出现而产生的，其产生具有历史的必然性，其存在也具有不可或缺性。不能因为刑罚权具有扩张性、强制性和痛苦性而否定刑罚权存在的正当性，而是要对刑罚权的发动进行合理的限制，限制也并不意味着架空刑罚权，是给刑罚权赋予更多的理性精神，使刑罚权回归到保护公民权利和维护社会秩序的应然道路上。诚然，刑罚权的理性内涵并不能改变刑罚权所具有的惩罚性的本质属性，具有惩罚性的刑罚权与现代社会所倡导的刑罚的人道性和宽缓性是不相矛盾的，并存发展的。

刑罚的人道性和宽缓性有利于保障刑罚惩罚的有效性，表现如下：

第一，确定犯罪圈的范围。是否对于任何有危害性的行为都需要发动刑罚权，也即什么样的危害行为才可以发动刑罚进行规制。首先，要看行为的性质是否只需其他法律调整即可，比如民事侵权纠纷与诈骗之间就存在本质的区别。其次，衡量行为危害程度的严重性，只有达到严重的危害程度才有动用刑罚的可能。如果对于任何侵害行为都动用刑罚，就会导致犯罪圈的无限扩张，那么刑罚必然是非人道的。

第二，衡量刑罚度的适当性。刑罚的度应该适当，如果刑罚的度超过了必要的强度，刑罚就是非人道的。首先，为了实现刑罚的目的，刑罚的惩罚性必须到达一定的强度，如果犯罪产生的快乐大于刑罚带来的痛苦，那么，刑罚的痛苦就会被犯罪的快乐所抵消。其次，刑罚的度应该适当。心理学研究结果表明，刺激的强度必须达到一定程度才能产生感觉，如果刺激的强度达到一定程度，感觉系统的正常状态就会停滞。如果刺激作用超过一定的程度并且超越其界限时，就会引起痛苦，相应地，感觉系统的正常活动也会受到破坏。刑罚所能产生的刺激作用也相同，如果刑罚产生的刺激超过一定的限度，犯罪人对刑罚所产生的刺激的感受就会遭到破坏，刑罚的目的也就不能得到实现。因此，刑罚必须保持适当的度，以体现刑罚的人道性和宽缓性。

随着刑罚人道性和宽缓性的提倡，刑罚的观念和刑罚的内容相应地也发生了一些变化。刑罚观念的变化主要表现为：从重刑观念逐渐向刑罚的轻缓化转变，从刑罚泛化到考虑非刑罚化的转变，从刑罚的工具观念向理性刑罚观的过渡。刑罚内容的变化主要表现为：由死刑向自由刑转变，从监禁刑到矫正刑的考虑。由此可见，随着人类文明的进步，刑罚被赋予了很多新的含义，刑罚的目的也呈现多层次性的特征，刑罚可能带来的负面效应也被大大降低了，刑罚权的社会本位也渐渐隐退。

社会本位的观念在刑罚的规定、刑罚的裁量和刑罚的执行中都有不同程度的体现：第一，在立法上，基于刑罚报应的立场配置刑种，虽然这种报应是在法律框架内的报应，但在本质上，这种报应是在维持社会秩序基础之上的社会报应。刑罚的社会报应性体现了刑罚的工具色彩。第二，在司法上，法官在社会本位观念的影响下容易以获得最大的社会利益为目标，通过社会正义来理解法的内部精神，发掘法的外部含义。在这种情况下，法官在裁量案件时会过于注重审判结果所产生的社会效果，导致审判不独立。如果法官在裁判案件的过程中，过分关注大众舆论、媒体等方面的影响，试图迎合社会心理，那么法律审判会在一定程度上被虚置，司法也变得更加工具化。第三，在执法上，在刑罚的执行中过于强调刑罚的惩罚性所可能产生的社会效果，重视刑罚的社会本位会导致犯罪人的权利在刑罚的执行过程中不能得到充分地保障，也会导致对矫正刑的忽视。

毫无疑问，以社会本位为立场的刑罚观念一方面会导致犯罪人的个人权利得不到保障，犯罪人的权利会淹没在刑罚对社会利益和社会价值的追求之中。另一方面，也会导致对罪刑法定原则的违反。罪刑法定原则强调的是对被告人定罪量刑时，遵守法无明文规定不为罪，法无明文规定不处罚的基本原则。可见，从这个角度来说，罪刑法定原则保护的是被告人的利益，是以个人为本位的。因此，刑罚以社会为本位会与罪刑法定的原则相冲突，与现代法治的精神是相违背的。在法治社会的建设中应当发挥科学刑罚观的指导作用，科学刑罚观也即人本主义的刑罚观。人本主义刑罚观注重对犯罪人权利的保护，满足和尊重犯罪人的基本权利和基本要求，重视对犯罪人的改造。倡导人本主义刑罚观有助于消除重刑、限制刑罚的扩张和泛化，有利于人们更好地对我国刑罚的制定、裁量和执行过程中存在的问题进行反思，并重视对犯罪人基本权利的保护,从而促进刑罚在人道的路径上继续前行。

人本主义刑罚观的基本内涵主要有以下几方面:

第一,重视刑罚的谦抑。刑罚的谦抑同时体现在刑罚的制定和适用过程中,只有在完全必要且迫不得已的情况下,立法者才能在尽可能小的范围内规定涉及限制或者剥夺公民自由甚至生命的刑事制裁。在适用刑罚时,刑罚只能作为最后一种手段适用,只有在其他方法不能发挥调控作用时,才能动用刑罚。刑罚的谦抑有利于限制刑罚权的过度发动,保障犯罪人和其他公民的权利不受任意侵害,而人本主义也强调尊重人的基本权利,反对刑罚权的滥用,因为刑罚不管如何宽缓,其本质决定了它仍然是最为严厉的制裁措施,所以刑罚的谦抑与人本主义刑罚权的基本要求是一致的。

第二,强调刑罚的轻缓。主张刑罚的轻缓并不意味着对所有犯罪的刑罚种类或者幅度都一概减低,而是根据情况,有针对性地减轻部分犯罪的刑罚,对于严重的犯罪行为仍需适用较为严厉的刑罚。古今中外的历史教训已经明确地证明,重刑并不是保障社会秩序的最佳手段,刑罚的适当轻缓有利于刑罚目的实现和刑罚效率的提高。第三,衡量刑罚的效益。刑罚的效益是指以最少的刑事资源的投入获取最好的预防和控制犯罪的效果。有效益的刑罚既要起到良好地控制和预防犯罪的效果,也要求是适当的,不能造成浪费。也即,在刑事立法中应配置合理的法定刑结构,在刑事司法中要严格按照罪刑法定的原则和罪责刑相适应给犯罪人定罪量刑。第四,刑罚的社会化。在监禁刑所带来的弊端越来越明显的前提下,产生了刑罚的社会化。监禁刑需要耗费大量的人力、物力和财力资源,如果对于有较少人身危险性的犯罪人或者对于犯罪行为较轻的犯罪人,不处以监禁刑也没有危害社会的危险时,可以不予关押,对其进行多方面的改造,使其尽快地回归社会,所取得的社会效果会更好。我国目前实行的社区矫正制度正是刑罚社会化的体现。

人本主义刑罚观所提倡的刑罚的谦抑、刑罚的轻缓、刑罚的效益和刑罚的社会化,也是与我国当前提出的宽严相济的刑事政策的要求相一致的。在建设以人为本的和谐社会的主题之下,过去实行的惩办与宽大的刑事政策及严打的刑事政策被宽严相济的刑事政策所取代。而刑事政策是刑法的灵魂,合理科学的刑事政策对刑罚权的发动及限制会产生一定的影响，会引导刑罚权在合理的范围内理性地运转。宽严相济的刑事政策也是对过去盛行的重刑主义和报应刑罚主义的反思，为刑罚赋予了更多科学理性的内容，体现了刑罚的人文关怀与人道主义精神。宽严相济的刑事政策主张刑罚的轻轻重重：对于人身危险性不大的初犯、偶犯等可以判处较轻的刑罚；对于严重危害社会秩序、国家安全、公民生命健康财产安全的犯罪可以判处严厉的刑罚。刑罚的轻轻重重有助于刑事司法资源的合理配置，充分发挥刑罚的功能，实现刑罚的效益。而一个国家的刑事政策必然制约着该国刑罚权的范围。因此，在当代宽严相济刑事政策的指导下，刑罚权的发动范围和条件也必然受到一定的限制。

不论是刑罚权的发动还是限制，其最终的目的是出于对自由、秩序和正义的追寻。国家规定刑罚制度以设定一种秩序，既对一切非法侵犯公民自由的行为加以禁止，也对公民一切合法的自由权利加以保护，为公民的自由范围划定一个合理的界限。评价国家的刑罚制度是否正义，就看其是否最大限度地平衡了公民自由与社会秩序之间的关系。既不允许过度地维护社会秩序而侵犯公民的自由权利，也不允许无限地扩大公民的自由而损害必要的社会秩序。国家发动刑罚权的过程就是维护刑罚制度所设定的秩序的过程，如果这种刑罚制度是公平正义的，那么公民的自由也得到了保障，秩序也就相应地实现了。因此，刑罚权的发动和限制都是必然的，有利于刑罚的终极价值——自由、秩序和正义的实现。

参考文献

（按作者姓氏音序）

一　中文著作

陈兴良主编：《刑事法评论》第 2 卷、第 3 卷，中国政法大学出版社 1998 年版。

陈兴良：《本体刑法学》，商务印书馆 2001 年版。

陈兴良：《刑法哲学》（修订第 3 版），中国政法大学出版社 2004 年版。

陈兴良：《刑法的价值构造》（第 2 版），中国人民大学出版社 2006 年版。

陈兴良：《刑法的人性基础》（第三版），中国人民大学出版社 2006 年版。

陈兴良、周光权：《刑法学的现代展开》，中国人民大学出版社 2006 年版。

陈兴良：《口授刑法学》，中国人民大学出版社 2007 年版。

陈兴良主编：《刑法知识论研究》，清华大学出版社 2009 年版。

陈兴良：《罪刑法定主义》，中国法制出版社 2010 年版。

蔡定剑：《宪法精解》，法律出版社 2004 年版。

蔡枢衡：《中国刑法史》，中国法制出版社 2005 年版。

储槐植：《美国刑法》，北京大学出版社 2005 年版。

陈颐：《立法主权与近代国家的建构：以近代早期法律为核心》，法律出版社 2008 年版。

蔡一军：《刑罚配置的基础理论研究》，中国法制出版社 2011 年版。

费孝通：《乡土中国　生育制度》，北京大学出版社 1998 年版。

高铭暄主编:《刑法专论》(第二版),高等教育出版社 2006 年版。

高铭暄、赵秉志:《中国刑法立法之演进》,法律出版社 2007 年版。

高铭暄、马克昌主编:《刑法学》(第五版),北京大学出版社 2011 年版。

高仰止:《刑法概要》,黄慧仪修订,台湾五南出版股份有限公司 2007 年第 5 版。

洪福增:《刑法之理论与实践》,台湾刑事法杂志社 1988 年版。

何帆:《刑法修正案中的经济犯罪疑难解析》,中国法制出版社 2006 年版。

何勤华、夏菲主编:《西方刑法史》,北京大学出版社 2006 年版。

黄太云:《立法解读:刑法修正案及刑法立法解释》,人民法院出版社 2006 年版。

黄立:《刑罚的伦理审视》,人民出版社 2006 年版。

黄荣坚:《刑法问题与利益思考》,中国人民大学出版社 2009 年版。

吕世伦主编:《当代西方理论法学研究》,中国人民大学出版社 1997 年版。

季卫东:《法律秩序的建构》,中国政法大学出版社 1999 年版。

季卫东:《法律程序的意义》,中国法制出版社 2004 年版。

林喆:《权力腐败与权力制约》,法律出版社 1997 年版。

李海东:《刑法原理入门(犯罪论基础)》,法律出版社 1998 年版。

李林:《立法理论与制度》,中国法制出版社 2005 年版。

刘家琛主编:《当代刑罚价值研究》,法律出版社 2003 年版。

林维:《刑法解释的权力分析》,中国人民公安大学出版社 2006 年版。

林红:《民粹主义:概念、理论与实证》,中央编译出版社 2007 年版。

林山田:《刑法通论》上册(增订十版),台大法学院图书部 2008 年版。

林东茂:《刑法综览》,台湾一品文化出版社 2009 年版。

林东茂:《一个知识论上的刑法学思考》,台湾五南图书出版股份有限公司 2001 年第 2 版。

林东茂：《一个知识论上的刑法学思考》（增订三版），中国人民大学出版社 2009 年版。

林东茂：《刑法综览》（第六版），台湾一品文化出版社 2009 年版。

罗翔：《中华刑罚发达史》，中国法制出版社 2006 年版。

刘树德：《法政界面的刑法思考》，北京大学出版社 2009 年版。

劳东燕：《罪刑法定本土化的法治叙事》，北京大学出版社 2010 年版。

卢建平：《刑事政策与刑法变革》，中国人民公安大学出版社 2011 年版。

李瑞生：《中国刑罚改革的权力与人文基础研究》，中国人民公安大学出版社 2011 年版。

马克昌主编：《近代西方刑法学说史》，中国人民公安大学出版社 2008 年版。

马克昌主编：《刑罚通论》，武汉大学出版社 1999 年第 2 版。

马克昌主编：《犯罪通论》，武汉大学出版社 1999 年第 3 版。

屈学武主编：《刑法总论》，社会科学文献出版社 2004 年版。

曲新久：《刑事政策的权力分析》，中国政法大学出版社 2002 年版。

曲新久主编：《刑法学原理》，高等教育出版社 2009 年版。

曲新久主编：《刑法学》，中国政法大学出版社 2011 年第 4 版。

强世功：《惩罚与法治——当代法治的兴起（1976—1981）》，法律出版社 2009 年版。

全国人大常委会法律工作委员会刑法室编：《中华人民共和国刑法条文说明、立法理由及相关规定》，北京大学出版社 2009 年版。

邱兴隆：《刑罚理性评论》，中国政法大学出版社 1999 年版。

邱兴隆：《刑罚的哲理与法理》，法律出版社 2003 年版。

阮齐林：《刑法学》，中国政法大学出版社 2008 年版。

苏力：《道路通向城市：转型中国的法治》，法律出版社 2004 年版。

田宏杰：《中国刑法现代化研究》，中国方正出版社 2000 年版。

王觐：《中华刑法论》，姚建龙勘校，中国方正出版社 2005 年版。

王敏：《规范与价值：近代中国刑事法制的转型》，法律出版社 2008 年版。

王政勋：《刑法的正当性》，北京大学出版社 2008 年版。

吴宗宪主编：《中国刑罚改革论》（上、下册），北京师范大学出版社 2011 年版。

许福生：《风险社会与犯罪治理》，台湾元照出版有限公司 2010 年版。

徐文斌：《刑法条文设置的科学性研究》，上海人民出版社 2011 年版。

徐向华主编：《我国立法制度实践观察》，法律出版社 2011 年版。

易有禄：《正当立法程序研究——以立法权正当行使的程序控制为视角》，中国社会科学出版社 2009 年版。

于志刚：《刑罚消灭制度研究》，法律出版社 2002 年版。

于志刚：《刑法学总论》，中国法制出版社 2010 年版。

于志刚：《刑法总则的扩张解释》，中国法制出版社 2010 年版。

张明楷：《法益初论》，中国政法大学出版社 2003 年修订版。

张明楷：《刑法格言的展开》，法律出版社 2003 年第 2 版。

张明楷：《刑法分则的解释原理》。中国人民大学出版社 2004 年版。

张明楷：《罪刑法定与刑法解释》，北京大学出版社 2009 年版。

张明楷：《刑法学》，法律出版社 2016 年第 5 版。

张绍彦：《刑罚实现与行刑变革》，法律出版社 1999 年版。

张绍彦：《刑罚的使命与践行》，法律出版社 2003 年版。

张波：《刑法法源研究》，法律出版社 2011 年版。

周光辉：《论公共权力的合法性》，吉林出版集团有限责任公司 2007 年版。

周国文：《刑罚的界限——Joel Feinberg 的"道德界限"与超越》，中国检察出版社 2008 年版。

翟中东：《刑罚问题的社会学思考》，法律出版社 2010 年版。

二 译著

[德] 黑格尔：《法哲学原理》，范扬、张企泰译，商务印书馆 1961 年版。

[德] 拉德布鲁赫：《法学导论》，米健、朱林译，中国大百科全书

出版社 1997 年版。

［德］马克斯·韦伯：《经济与社会》（上卷、下卷），林荣远译，商务印书馆 1997 年版。

［德］马克斯·韦伯：《论经济与社会中的法律》，张乃根译，中国大百科全书出版社 1998 年版。

［德］汉斯·海因里斯·耶赛克、托马斯·魏根特：《德国刑法教科书》，徐久生译，中国法制出版社 2001 年版。

［德］考夫曼：《法律哲学》，刘幸义等译，法律出版社 2004 年版。

［德］克劳斯·罗克辛：《德国刑法学总论》（第 1 卷），王世洲译，法律出版社 2005 年版。

［法］孟德斯鸠：《论法的精神》，张雁深译，商务印书馆 1961 年版。

［法］托克维尔：《论美国的民主》，董果良译，商务印书馆 1988 年版。

［法］卢梭：《社会契约论》，何兆武译，商务印书馆 2003 年版。

［法］米歇尔·福柯：《规训与惩罚》，三联书店 2007 年版。

［美］费里德曼：《法律制度》，李琼英、林欣译，中国政法大学出版社 1994 年版。

［美］博登海默：《法理学：法律哲学与法律方法》，邓正来译，中国政法大学 2004 年版。

［美］劳伦斯·M. 弗里德曼：《法律制度——从社会科学角度观察》，李琼英、林欣译，中国政法大学出版社 2004 年版。

［美］诺内特、塞尔兹尼克：《转变中的法律与社会：迈向回应型法》，张志铭译，中国政法大学出版社 2004 年版。

［美］哈伯特·L. 帕克塔：《刑事制裁的极限》，梁根林等译，法律出版社 2008 年版。

［美］乔治·弗莱彻：《反思刑法》，邓子滨译，华夏出版社 2008 年版。

［美］詹姆斯·雅各布、吉姆伯利·波特：《仇恨犯罪——刑法与身份政治》，王秀梅译，北京大学出版社 2010 年版。

［英］休谟：《人性论》，关文运译，商务印书馆 1983 年版。

［英］吉米·边沁:《立法理论——刑法典原理》,孙力等译,中国人民公安大学出版社 1993 年版。

［英］哈特:《法律的概念》,张文显、杜景义、郑成良等译,中国大百科全书出版社 1996 年版。

［英］哈耶克:《法律、立法与自由》(第 2、3 卷),邓正来等译,中国大百科全书出版社 2000 年版。

［英］哈特:《法律、自由与道德》,支振锋译,法律出版社 2006 年版。

［英］密尔:《论自由》,于庆生译,中国法制出版社 2009 年版。

［英］约瑟夫·拉兹:《法律体系的概念》,吴玉章译,中国法制出版社 2011 年版。

［意］贝卡里亚:《论犯罪与刑罚》,黄风译,中国法制出版社 2002 年版。

［意］杜里奥·帕多瓦尼:《意大利刑法学原理》(注评版),陈忠林译,中国人民大学出版社 2004 年版。

［日］森下忠:《犯罪者处遇》,白绿铉等译,中国纺织出版社 1994 年版

［日］西田典之:《日本刑法总论》,刘明祥、王昭武译,中国人民大学出版社 2007 年版。

［日］大谷实:《刑法讲义各论》,黎宏译,中国人民大学出版社 2008 年版。

［日］大谷实:《刑事政策学》(新版),中国人民大学出版社 2009 年版。

［日］山口厚:《刑法总论》(第 2 版),付立庆译,中国人民大学出版社 2011 年版。

三 英文文献

Alan Brudner, *Punishment and Freedom*, Oxford: University Press, 2009.

Arie Freiberg and Karen Gelb, Penal Populism, *Sentencing Councils and Sentencing Policy*, Hawkins press, 2008.

Clair Valier, *Crime and Punishment in Contemporary Culture*, London: Rouledge, 2004.

David Garland, *Punishment and Modern Society*, Oxford: Clarendon Press, 1990.

David Garland, *The culture of control : crime and social order in contemporary society*, Oxford University press, 2001.

Domanick, Rule Justice: *Three Strikes and the politics of Crime in America Golden State*, University of California press, 2004.

Jeremy Bentham, *The Rationale of Punishment*, London: Robert Heward, 1830.

Joel Feinberg: *The Moral Limits of the Criminal Law*, Oxford University Press (1990).

Jonathan Herring, *Criminal law: the basics*, London: Routledge, 2010.

H. L. A. Hart, *Punishment and Responsibility*, Oxford: Clarendon Press, 1968.

M. Tonry, L. E. Ohlin, D. P. Farrington, *Human Development and Criminal Behavior*, London: Springer-Verlag, 1991.

Wayne R. LaFave, *Principles of criminal law*, West, 2010.

四 期刊类

卞建林：《刑事诉讼中"诉"之辨析》，《人民检察》2007年第8期。

包耐兵、王成柏：《罪犯交付执行中存在的问题及其检察监督》，《人民检察》2005年第8期。

陈兴良：《论刑罚权及其限制》，《中外法学》1994年第1期。

陈兴良：正当防卫的制度变迁：《从1979年刑法到1997年刑法——以个案为线索的分析》，《刑事法评论》2006年第2期。

陈自强：《刑罚的本质与国家刑罚权的根据新论》，《社会科学研究》2011年第5期。

陈乔：《非法经营罪兜底性条款的分析和适用 由一例案件引发的思考》，《中国检察官》2012年第4期。

蔡道通:《论"塔甘采夫"犯罪论体系的不可行——基于人权保障立场的分析》,《法律科学》2009 年第 5 期。

蔡道通、范晓芸:《类推制度应当废止》,《法学家》1994 年第 4 期。

丁晓波:《刑法适用中司法解释与罪刑法定原则之互动》,《中国刑事法杂志》2010 年第 10 期。

杜利、郝川:《论刑罚配置中的罪刑法定》,《人民司法》2011 年 23 期。

高铭暄:《略论我国死刑制度改革中的两个问题》,《法学家》2006 年第 1 期。

国林:《论合理配置刑事执行权》,《政法论坛》2001 年第 3 期。

胡江:《从非犯罪化的条件考察刑罚权的存在根据》,《西部法学评论》2011 年第 2 期。

侯智武:《重罪刑事案件的和解刍议》,《理论导刊》2012 年第 2 期。

郝赤勇:《论我国刑罚执行制度的改革与完善》,《法学杂志》2011 年第 10 期。

韩轶:《惩罚犯罪与人权保障》,《检察实践》2002 年第 6 期。

韩玉胜、张绍彦:《刑事执行立法理论研讨会综述》,《中国法学》1998 年第 5 期。

韩玉胜、田坤:《论我国监狱的刑罚执行目的》,《中国司法》2008 年第 7 期。

冀祥德、刘玥:《罪刑法定的本体溯求与启蒙》,《中国司法》2004 年第 4 期。

逢锦温:《边沁的功利主义刑罚观探析》,《法学评论》1998 年第 6 期。

孔繁晨:《浅析正当程序对国家刑罚权的限制意义》,《法学与社会》2011 年第 29 期。

刘远、刘军:《刑事政策与犯罪人权利保护》,《学习与探索》2005 年第 3 期。

刘军:《论罪刑之该当性》,《法学论坛》2011 年第 1 期。

刘顺启：《刑罚执行修改的积极作用》，《人民检察》2011年第19期。

刘四新：《立法与司法的和谐统一：社会危害性与罪刑法定关系论——兼论罪刑法定原则的功能缺陷》，《刑法论丛》2008年第2期。

刘志远、喻海松：《论罪刑法定原则的立法表述》，《中国刑事法杂志》2005年第5期。

刘松山：《当代中国刑法与人权的历史回顾》，《人大研究》1999年第6期。

柳忠卫：《论刑事执行权的性质》，《刑法论丛》2007年第2期。

刘沛谞：《出罪与入罪：宽严相济视阈下罪刑圈的标准设定——一个基于实证范例的考察》，《中国刑事法》2008年第1期。

李友忠：《略论我国刑事审判程序的公正性及实现》，《法学评论》1994年第4期。

刘守芬：《中国刑法的保障机能与人权》，《中外法学》1992年第4期。

马克昌：《刑法的机能新论》，《人民检察》2009年第8期。

时延安：《刑罚权的边界：犯罪的定义与被定义的犯罪——对新一轮犯罪定义争鸣的基本态度》，《法学论坛》2009年第2期。

时延安：《刑法的谦抑还是刑罚权的谦抑？——谦抑观念在刑法学场域内的厘清与扬弃》，《刑法论丛》2008年第1期。

时延安：《行政处罚权与刑罚权的纠葛及其厘清》，《东方法学》2008年第4期。

时延安：《刑罚权运作的秩序——〈刑事法制中的"中央与地方"问题研究〉》，《法学家》2010年第5期。

时延安：《理性与经验的弥合——中国刑罚改革中的认识论与方法》，《法学论坛》2006年第4期。

王涛：《论宪法与刑罚的关系 以日本法为中心》，《中国检察官》2011年第11期。

王新：《论罪刑法定原则在国际刑法中的确认及其特性》，《江海学刊》2010年第5期。

王政勋：《论社会危害性的地位》，《法律科学》2003年第2期。

向泽选、罗树中：《国家刑罚权与检察职能的关系》，《当代法学》2009年第2期。

徐鹤喃：《公诉权的理论解构》，《政法论坛》2002年第3期。

徐剑锋：《犯罪构成理论：刑法谦抑精神之载体——剖解德日刑法学犯罪论体系》，《中国刑事法杂志》2009年第8期。

西原春夫、陈家林：《构成要件的概念与构成要件的理论》，《法律科学》2007年第5期。

许发民：《论罪刑法定原则的社会基础》，《法律科学》2002年第1期。

向朝阳：《刑事责任的本质及在罪刑关系中的地位和作用》，《现代法学》1989年第2期。

于改之、温登平：《比较、反思与重塑：犯罪构成理论再探》，《法学评论》2002年第3期。

叶高峰、刘德法：《一部开创性的新著——评马克昌主编的《刑罚通论》》，《法律科学》1997年第1期。

张绍彦：《刑罚权与行刑权的运行机制探析》，《法学评论》1999年第3期。

张绍彦：《刑罚实现探析》，《现代法学》1999年第2期。

张绍彦：《刑事执行新探》，《现代法学》1998年第3期。

张德军：《刑罚人道主义研究》，《法学论坛》2008年第5期。

张小虎：《刑法机能探究》，《社会科学》2004年第4期。

张小虎：《刑事法律关系主体论》，《法学研究》1999年第3期。

张小虎：《论刑事法律关系的内容》，《中国刑事法杂志》2000年第2期。

朱本欣：《论生命权视野中的生命刑》，《刑法论丛》2008年第1期。

赵冬燕：《对刑罚报应性的理性思考》，《法学杂志》2006年第3期。

郑云香：《霍布斯对贝卡里亚刑法思想的影响——以刑法基本原则为视角》，《法学论坛》2006年第4期。

赵秉志、魏昌东：《当代中国刑法哲学研究述评》，《中国法学》

2006 年第 1 期。

赵秉志、陈志军：《刑罚价值理论比较研究》，《法学评论》2004 年第 1 期。

张智辉：《论刑法理性》，《中国法学》2005 年第 1 期。

宗建文：《罪刑法定含义溯源》，《法律科学》1995 年第 3 期。

周振想：《贝卡里亚的死刑思想述评》，《法学家》1994 年第 3 期。

周少华：《刑法的目的及其观念分析》，《华东政法大学学报》2008 年第 2 期。

周少华：《罪刑法定在刑事司法中的命运——由一则案例引出的法律思考》，《法学研究》2003 年第 2 期。

曾友祥：《建立我国犯罪被害补偿制度》，《现代法学》1990 年第 6 期。